O Pequeno Exército Paulista

Coleção ELOS
Dirigida por J. Guinsburg

Equipe de realização — Revisão de provas: Vera Lucia B. Bolognani; Programação visual: A. Lizárraga; Produção: Plinio M. Filho

Dalmo de Abreu Dallari

O Pequeno Exército Paulista

EDITORA PERSPECTIVA

© Editora Perspectiva, 1977.

Direitos reservados à
EDITORA PERSPECTIVA S.A.
Av. Brigadeiro Luís Antônio, 3025
01401 — São Paulo — Brasil
Telefone: 288-8388
1977

SUMÁRIO

I. SÃO PAULO NO QUADRO BRASILEIRO .. 7
  1. *O Homem Paulista* 7
  2. *Economia e Política* 11
  3. *A Política Armada* 21

II. A FORÇA PÚBLICA DO ESTADO DE SÃO PAULO 29
  1. *Do Aparecimento das Milícias ao Advento da República* 29
  2. *Surgimento da Força Policial de São Paulo como Instrumento da Política Armada* 34
  3. *A Missão Francesa Prepara uma Supermilícia* 42
  4. *O Movimento Operário: um "Caso de Polícia"* 47
  5. *1924: Antevéspera do Fim dos Antigos Oligarcas Paulistas* 48
  6. *1930 a 1937: A Busca de Novos Padrões* .. 56
  7. *O Silêncio da Força Pública: Sinal Verde para o Estado Novo* 67
  8. *A Força Pública de São Paulo como Órgão Auxiliar do Estado Novo* 70
  9. *O Caminho para a Federalização da Força Pública* 72
  10. *O Fim do Pequeno Exército Paulista* 80

III. CONCLUSÃO: SEGURANÇA ECONÔMICA
SEM COMANDO POLÍTICO 83
APÊNDICE 1: Participação da Força Pública
na Defesa do Estado de São Paulo 86
APÊNDICE 2: Variação do Efetivo da Força
Pública do Estado de São Paulo 89
BIBLIOGRAFIA 93

I. SÃO PAULO NO QUADRO BRASILEIRO

1. *O Homem Paulista*

1. Desde os primeiros tempos da vida brasileira, no século XVI, São Paulo teve uma posição peculiar entre as regiões e os povos do Brasil. Logo cedo, por motivos ainda não fixados com precisão, verificou-se que o povo habitante dessa parte do novo território português adotava atitude de independência, criando um sistema de vida próprio, sem levar muito em conta o que ocorria em Portugal, nem para a organização de seu governo, nem para a disciplina de suas relações jurídicas. E os paulistas, desde o início, foram revelando uma forte determinação, uma extraordinária capacidade empreendedora, que decorria de um misto de ambição e desejo de aventuras.

Com o passar dos séculos aquelas características foram-se acentuando, adquirindo, entretanto, tonalidades novas em face de cada momento histórico. Como conseqüência, sobretudo, dessa forte personalidade e dessa capacidade de adaptação ao meio, verifica-se no correr do tempo, em São Paulo, um desenvolvimento econômico bem mais acentuado do que no resto do território brasileiro. E, enquanto que nas outras regiões se esperava quase sempre a iniciativa do governo para qualquer empreendimento de maior vulto, os paulistas realizavam com recursos privados o seu potencial econômico.

Em meados do século XIX, quando a economia brasileira era de fundamento exclusivamente agrário, há um momento em que duas áreas, com características absolutamente diversas, lutam pela supremacia: de um lado a região nordeste, apoiada no cultivo da cana de açúcar e mantendo uma estrutura agrária de base escravista, pouco rendosa, com os senhores auferindo mais prestígio da extensão da terra possuída do que da renda obtida. De outro lado o centro-sul, especialmente São Paulo, apoiado já na cultura do café e, embora utilizando o braço escravo, dinamizado por uma ambição de ganho, em função da qual os senhores da terra se preocupavam, desde então, com a conquista de mercado consumidor e a melhora do produto. Isto fez com que São Paulo, ao contrário do nordeste, tivesse uma base econômica mais sólida e, portanto, mais capaz de se adaptar à transição do sistema apoiado no trabalho escravo para o sistema do trabalhador livre e assalariado.

Numa tentativa de explicação das diferenças de características entre os paulistas e os brasileiros de outras regiões, o sociólogo Gilberto Freyre, aceitando uma espécie de *determinismo geográfico*, chega à seguinte conclusão: "No caso dos paulistas, é possível que a terra roxa e outras terras que compõem o solo da região, tenham que entrar não só na história econômica como na social e antropológica daquele tipo enérgico, mas taciturno e calado de brasileiro" (*Problemas Brasileiros de Antropologia*, Rio de Janeiro, 1943, pág. 130). E mais adiante ele observa que, além dos determinantes geográficos e geológicos, outros fatores naturais devem ter influído sobre os caracteres biológicos e psicológicos dos paulistas, acrescentando: "Ao casticismo paulista, ao individualismo do bandeirante, ao seu gosto de aventura, de expansão, de iniciativa e, ao mesmo tempo, ao seu gênio fechado tão oposto ao do baiano, ao do cearense e ao do gaúcho, talvez se liguem distúrbios felizes, bons exageros de atividades de glândulas endócrinas relacionados, por sua vez, com a composição mineral do solo regional. Felizes e bons do ponto de vista do desbravamento e da autocolonização de larga parte do Brasil por homens tão intrépidos, por híbridos sociologicamente tão vigorosos" (ob. cit., pág. 132).

Sejam quais forem as razões verdadeiras ou predominantes, o fato é que essa diferenciação, entre os paulistas e os demais brasileiros, já pode ser percebida no século XVIII e está perfeitamente definida no início do século XIX.

Tal situação influiu para que os imigrantes estrangeiros, chegados ao Brasil após a proibição da importação de escravos e, em maior número, depois da abolição da escravatura em 1888, preferissem trabalhar em São Paulo, onde, a par de um clima temperado e de terras férteis, havia já uma força econômica muito dinâmica em atividade. Essas mesmas razões atraíram para São Paulo muitos imigrantes de outras regiões brasileiras, criando-se uma sociedade cosmopolita, mas preservando-se o dinamismo e a auto-suficiência tradicionais.

2. Sobre as condições que favoreceram o desenvolvimento de São Paulo no fim do século XIX, atraindo grande número de imigrantes, bem como sobre a influên-

cia destes na aceleração do desenvolvimento, é interessante a síntese feita por Caio Prado Júnior. Diz ele que a concentração da indústria em São Paulo, no começo do século XX, foi devida à conjugação de vários fatores favoráveis que aí se encontraram. O principal desses fatores, em sua opinião, foi o progresso geral do Estado, graças ao desenvolvimento sem paralelo de sua lavoura cafeeira, trazendo riqueza à população. A imigração concorreu para o êxito trazendo a habilitação técnica do trabalhador europeu, muito superior ao brasileiro que acabava de sair de um regime de escravidão ou de quase escravidão. Por último, outro fator de grande importância foi a abundância de energia hidráulica, logo aproveitada para a produção de eletricidade, servindo a capital do Estado e outras cidades próximas. Assim é que no ano de 1901 já se encontra em funcionamento a primeira usina paulista produtora de energia elétrica, pertencente a uma empresa internacional com sede em Toronto, no Canadá, e que produz de início 8.000 HP. Essa empresa — identificada como "Light" em documentos oficiais e estudos, pelo uso abreviado de seu nome — se desenvolveria bastante e exerceria grande influência na vida paulista, desde então até o presente, pois continua a ter o monopólio da produção e distribuição de energia elétrica na região de São Paulo (conf. Caio Prado Júnior, *História Econômica do Brasil*, São Paulo, 1949, vol. II, pág. 268). Quanto à preferência dos imigrantes pelo sul (incluindo centro-sul) do país, é oportuno lembrar, como bem observa o historiador Edgard Carone, que São Paulo recebe também grande número de imigrantes de outras partes do país, sobretudo fugitivos das calamidades naturais e sociais do nordeste (conf. *Revoluções do Brasil Contemporâneo*, São Paulo,

1965, pág. 2). Era natural, portanto, que os imigrantes estrangeiros também procurassem as regiões mais favoráveis, como ocorreu.

Finalmente, sob o impacto das duas guerras mundiais deste século, São Paulo passou da economia agrária para a economia industrial, criando e desenvolvendo um ativo parque industrial, sem perder sua importância como produtor rural, o que veio acentuar, ainda mais, sua superioridade econômica no quadro brasileiro. E as forças econômicas internacionais foram sensíveis às possibilidades de São Paulo, estabelecendo aí um de seus mais vigorosos redutos na América Latina.

Todo esse conjunto de circunstâncias, todas essas características da sociedade cosmopolita que vive em São Paulo, numa ânsia permanente de progresso, isso tudo fez com que Paulo Bonfim, um dos mais importantes poetas paulistas contemporâneos, dissesse que "paulista é, antes de tudo, um estado de espírito", para acentuar a existência de aspectos peculiares que identificam o povo que vive em São Paulo, independentemente da origem de cada um.

2. *Economia e Política*

3. Seria natural que aquelas peculiaridades sócio-culturais criassem, por sua vez, uma peculiar mentalidade política, o que realmente ocorreu. O ponto de partida para qualquer consideração sobre a vida política de São Paulo, de meados do século XIX até hoje, é a constatação do predomínio absoluto dos interesses privados. À medida em que esses interesses se transferiram de uma para outra area econômica e na medida em que

eles foram tomando amplitude nacional e internacional, os movimentos políticos ganharam novas configurações e se intensificaram. Assim é que o grupo dominante, baseado nas atividades agrárias, especialmente na produção de café, entra em crise quando, nas primeiras décadas do século XX, surge a nova mentalidade industrialista. A oligarquia rural, tendo notícia das transformações que ocorriam na Europa, procura apoiar-se numa organização política rígida, sob seu comando absoluto, tentando impedir o crescimento de novas forças sociais, estabelecendo um sistema praticamente invulnerável que iria resistir até 1930. Neste ano, porém, em parte pelas repercussões internas da crise econômica internacional, mas sobretudo porque as pressões das novas forças sociais sobre o sistema atingiram uma intensidade insuportável, tem início um período de profunda mudança de mentalidades, com o abandono dos padrões de convivência herdados do período imperial. Esta fase é marcada por um esforço positivo no sentido da racionalização da administração pública, mas prejudicada por uma negativa estagnação da vida política, uma vez que os tradicionais senhores da terra, não tendo mais forças para comandar o sistema, preferiram submeter-se a um governo ditatorial, que prometia garantir a permanência das antigas estruturas econômicas.

Na realidade, esse período da vida brasileira é cheio de contradições, pelo fato de que se abandonavam os padrões antigos sem que houvesse outros, claramente definidos, para substituí-los. Em 1930 Getúlio Vargas assume a chefia de um governo provisório, logo em seguida à deposição do Presidente Washington Luiz. Embora sem orientação doutrinária definida, Vargas procura apoiar-se nos adversários das antigas oligarquias rurais e por isso favorece o processo de desenvolvimento industrial e, por extensão, dá início a uma legislação trabalhista, o que lhe daria a imagem de protetor dos trabalhadores. Em 1934, depois de fortemente pressionado, inclusive por uma parte dos que o haviam conduzido ao poder, Getúlio Vargas permite que uma Assembléia Constituinte aprove uma Constituição e essa mesma Assembléia, transformada em Congresso Nacional, o elege Presidente da República. Mas pouco tempo depois, em 1937, Vargas consolida sua força e instala uma ditadura, revogando a Constituição e decretando uma nova, que nunca entrou em vigor, fecha o Congresso Nacional e proíbe qualquer atividade política. A eclosão da Segunda Guerra Mundial veio em seu favor e facilitou sua permanência no poder, com o que se retardou a definição dos novos padrões da vida social e política brasileira.

4. Depois disso, novo período de transformação profunda iria iniciar-se em 1945, com a queda da ditadura de Getúlio Vargas, abrindo-se um novo ciclo que ainda está em plena expansão. A internacionalização da economia paulista vai, de um lado, abrir as portas à influência do capitalismo internacional, desejoso de segurança e maior rentabilidade para seus investimentos, ao mesmo tempo em que, de outro lado, vai acelerar o declínio da hegemonia das oligarquias tradicionais, contribuindo para modificar o caráter ultraconservador, embora economicamente dinâmico, das elites paulistas. A pequena burguesia e o proletariado, como conseqüência do mesmo processo, adquirem expressão política e há um início de conscientização dessas camadas sociais, até então absolutamente passivas. Os movimentos políticos internacionais passam a ter reflexo imediato em São

Paulo, às vezes com grande intensidade, dando novas configurações à luta pelo Poder, notando-se agora a utilização concomitante de diversos métodos políticos, na busca de objetivos fundamentais também diversificados.

5. Para que se possa avaliar com maior precisão o significado dos fatos ocorridos em São Paulo, é importante considerar o papel desempenhado por esse Estado na vida econômica do Brasil.

Observa Simon Schwartzman que a importância política de São Paulo foi sempre inferior ao seu peso econômico (*São Paulo e o Estado Nacional*, págs. 120 e 121). Isso é verdadeiro se for tomado em conta o período histórico que abrange desde meados do século passado até os dias de hoje.

Na realidade, até mais ou menos a metade do século XIX a força econômica de São Paulo é ainda pouco expressiva no quadro brasileiro. Enquanto que Minas Gerais, Pernambuco, Bahia e o Rio de Janeiro apresentavam-se como fontes de riquezas, São Paulo aparecia como um simples corredor por onde transitavam transportadores de escravos e de gado, ou por onde se procedia ao escoamento de riquezas produzidas em outras regiões. Além de pequenas manufaturas, encontrava-se em São Paulo uma agricultura de subsistência sem expressão no quadro da produção brasileira, notando-se que esse conjunto de atividades assegurava aos paulistas uma quase auto-suficiência, não indo, entretanto, além da satisfação das necessidades locais.

Foi o plantio do café que determinou a radical modificação desse quadro, transformando São Paulo numa potência econômica, sobre a qual passaria a apoiar-se a economia brasileira, inclusive para abrir caminhos rumo à industrialização. No ano de 1859, quando o café já figura como o principal ítem do comércio exportador do Brasil, a produção paulista corresponde a 12,1% da produção brasileira. Depois disso, graças às condições muito favoráveis do solo e do clima, os paulistas aumentam rapidamente sua produção, enquanto que no plano mundial o café vai ampliando seu mercado consumidor. Com a abolição da escravatura no Brasil, em 1888, intensifica-se a vinda de imigrantes europeus para trabalharem nas lavouras de café, fato que teria extraordinária significação econômica, além de acarretar profundas conseqüências de ordem social e cultural. Os escravos eram substituídos por trabalhadores livres, que traziam para o meio brasileiro novas concepções de vida social, passando a influir sobre os costumes, a língua, os hábitos alimentares, as concepções estéticas, as práticas religiosas, os modos de recreação, influindo também, poderosamente, para o estabelecimento de nova mentalidade e, como é evidente, de novas condições, no relacionamento entre o dono da terra e o trabalhador. O total de imigrantes entrados no Estado de São Paulo entre 1875 e o final do século sobe a 803.000, dos quais 577.000 eram provenientes da Itália. Esse número dá bem idéia da importância assumida pelo café na economia brasileira, ao mesmo tempo em que revela o crescimento da importância desse produto no comércio mundial, onde já aparece, no início do século XX, como um dos principais produtos agrícolas. Com efeito, o Brasil chega a controlar três quartas partes da oferta mundial de café e São Paulo, em 1902, já contribui com 65,2% da produção brasileira (cf. Celso Furtado, *Formação Econômica do Brasil*, especialmente os capítulos XX e XXX).

Durante o período que vai do começo do século até 1930, quando se dá a queda da Primeira República e se inicia um novo ciclo na vida política e econômica do Brasil, São Paulo vai-se consolidar como potência econômica, apoiando-se quase que exclusivamente no café. Apesar de muitos abusos cometidos, como a farta manipulação de empréstimos externos tendo por base o lastro fornecido pela produção cafeeira, e não obstante alguns períodos de crise, provocados, de início, pelo crescimento mais acelerado da produção que do consumo e, mais tarde, pelo aparecimento de outros produtores de café competindo no mercado mundial, São Paulo consegue manter um ritmo de expansão bastante acentuado, até praticamente 1930. Entretanto, como assinala Caio Prado Júnior (*História Econômica do Brasil*, págs, 244 e segs.), o crescimento vertiginoso da produção fora possível, em grande parte, graças a financiamentos oriundos de empréstimos externos, baseados na previsão de preços altos para o café. Isso fez com que, apesar de inúmeras medidas artificiais de proteção, como a retenção de estoques e a queima de café para reduzir a oferta, os preços alcançados fossem insuficientes para cobertura das dívidas. A situação ainda mais se agravou com a perda de mercados conseqüente do contínuo aumento de produção dos competidores, especialmente da Colômbia, tornando-se, afinal, insustentável pelos efeitos da grande crise que atingiu a Bolsa de Nova Iorque em outubro de 1929. Chegava ao fim um período em que o Brasil, em suas relações econômicas internacionais, vivera na dependência quase que exclusiva do café.

6. No ano de 1930, conjugando-se crise econômica e perturbações políticas, num sistema de inter-relações

em que se confundem causas e efeitos, começa uma nova era na vida econômica brasileira. Sem anular sua base agrária, e embora mantendo o café como seu principal produto de exportação, o Brasil desencadeia um processo de industrialização mais acelerado, sendo importante ressaltar que, nesse processo, vão desempenhar papel decisivo os recursos econômicos gerados antes e depois pelo comércio do café. Esse fato contribui acentuadamente para que, também nessa nova fase, o Estado de São Paulo ocupe a posição de principal centro econômico brasileiro.

Como já tem sido amplamente demonstrado, o Brasil do século XIX tinha sua economia assentada exclusivamente na agricultura. Ao ser proclamada a República, em 1889, os órgãos oficiais registravam a existência, no país, de 636 estabelecimentos industriais, localizando-se 94 deles no Estado de São Paulo. Além do número reduzido de indústrias, é preciso lembrar ainda a circunstância de que se tratava de estabelecimentos de pequeno porte, muitos deles sendo pouco mais do que simples oficinas artesanais. Em 1914 o número total de indústrias no Brasil é de 6.497, das quais localizam-se em São Paulo 2.085. E já no ano de 1920 o Estado de São Paulo aparece em primeiro lugar no quadro dos estabelecimentos industriais brasileiros, pois, para um total de 13.336 estabelecimentos existentes no Brasil, nada menos do que 4.145 situavam-se em território paulista. Como fica evidente, à sombra da riqueza cafeeira iniciava-se um significativo processo de industrialização, que seria fortemente acelerado a partir de 1930.

Observa Boris Fausto que, com a queda da Primeira República e a conseqüente redução da autonomia política das unidades federadas, o Brasil passou a ser um Estado mais centralizado e intervencionista, o que se constituiu em condição básica para a expansão das atividades industriais (*A Revolução de 1930*, pág. 111). A verdade é que, desde então, o crescimento industrial brasileiro foi bem mais acentuado, devendo-se assinalar que os empresários industriais não se sentiram tolhidos pela ação do governo central. Ao contrário disso, buscaram e obtiveram apoio do governo da República, o que muito contribuiu para dinamizar o processo, mas, como era inevitável, influiu sobre suas características. Tanto por fatores internos — um sistema ditatorial de governo —, quanto por fatores externos — a Segunda Guerra Mundial —, o Estado brasileiro vai-se tornar cada vez mais intervencionista, o que vai significar também que passa a dar estímulo, inclusive apoio financeiro, às atividades econômicas.

A partir de 1945, terminada a guerra e, paralelamente, restabelecida no Brasil a normalidade constitucional, o núcleo político do Estado brasileiro fixa-se no governo central e não nos governos estaduais, apesar de mantida formalmente a organização federativa. Estudando o período que vai de 1945 a 1964, Celso Lafer registra como um dos fenômenos mais importantes dessa fase a contínua transformação das características econômicas do país, exatamente no sentido da influência crescente das atividades industriais. Conforme suas palavras, "esse período viu a progressiva redução do significado da antiga estrutura agrária, base da República Velha, na estrutura global do país, que foi sendo transformada pelos processos de urbanização e industrialização" (*O Sistema Político Brasileiro*, págs. 62 e 63).

Dentro desse processo, São Paulo, que já possuía mais riqueza acumulada, tem melhores condições para imprimir maior dinamismo à sua economia. Um dado curioso e extremamente importante, que não pode deixar de ser assinalado porque é fundamental para a compreensão dos fatos, é a presença do imigrante no processo de crescimento industrial, assim como ocorrera em relação ao desenvolvimento agrário. É bem verdade que agora o imigrante já aparece como empresário, o que lhe assegura a participação no próprio comando dos centros de decisão. Não há dúvida, porém, de que essa presença significa, de certo modo, a repetição do fenômeno anterior — feitas, obviamente, as devidas ressalvas —, na medida em que representa a introdução de novas mentalidades e de novos padrões culturais, obrigando o sistema econômico e social brasileiro a uma série de reajustes. Isso também ocorreu quando o imigrante estrangeiro chegou às lavouras de café.

Um dado significativo é que grande parte desse empresariado industrial, exatamente por ser recém-chegado a São Paulo, não tem compromissos com a tradição e não sofre qualquer influência do momento histórico que foi marcado por uma ampla autonomia estadual, sendo, por isso mesmo, mais aberto à adoção de novos padrões e menos preocupado com problemas de prestígio local ou regional. Vale a pena transcrever um pequeno trecho do Relatório da Diretoria da Federação das Indústrias do Estado de São Paulo e Centro das Indústrias do Estado de São Paulo (FIESP-CIESP), correspondente ao qüinqüênio 1967/1971, por onde se verifica que os próprios empresários reconhecem e acentuam a heterogeneidade de sua composição, afirmando, porém, sua plena integração na economia paulista e o valor positivo do recebimento de imigrados para a economia de São Paulo. Diz o Relatório, à página 25: "o empresariado paulista apresenta, no seu todo, composição singular. É paulista, sim, por definição de localidade, por situação geográfica, bem como por suas linhas mestras de organização, disciplina e perseverança. Mas, se é regionalmente paulista, atento o sentido mesológico do termo, não o é segundo as suas conotações étnicas. A constante absorção de elementos dinâmicos de outras regiões do país e de outras partes do mundo, progressivamente maior à medida que os anos fluem e as zonas de trabalho se desdobram e se multiplicam, muito tem contribuído para empolgar e robustecer a figura simpática e valorosa desse empresariado, que é tanto paulista como o é mineiro, gaúcho, pernambucano, cearense, baiano, português, italiano, inglês, alemão, japonês, pela assimilação dos que nele se têm integrado e participado, de corpo e alma, de sua sorte, de seu progresso e de sua grandeza". Como fica evidente, o empresariado industrial paulista tem plena consciência de seu peso na economia brasileira, mas raciocina em termos de mundo econômico, sendo-lhe indiferente a mudança ocorrida na situação política de São Paulo no tocante ao seu relacionamento com a União. A preservação da autonomia estadual ou sua eventual restauração não são temas que cheguem a despertar qualquer interesse nesse empresariado, pois são questões ligadas a um passado de que ele não participou. Tendo chegado quando as decisões sobre matéria econômica já estavam entregues ao governo central da República, todas as suas perspectivas partem desse dado, o que dá ensejo àquela observação, anteriormente referida, de que São Paulo não tem um peso político equivalente ao seu peso econômico.

Pelo conjunto de considerações que acabamos de fazer e pelos dados referidos tem-se, em linhas gerais, a trajetória seguida pela economia paulista dentro do quadro brasileiro. Evidentemente, é indispensável ter em conta esses aspectos quando se procurar a compreensão dos fenômenos políticos.

3. *A Política Armada*

7. Feita essa verificação retrospectiva, é fácil concluir que tão profundas transformações não ocorreram sem conflitos, como também se pode pressupor que inúmeras forças influíram sobre as mudanças. Para os objetivos do presente estudo, procederemos ao destaque de uma dessas forças, que é a "força das armas", em suas várias espécies de manifestações. E como se trata de verificar a influência desse fator na vida política, ou sua utilização para fins políticos, parece-nos razoável falar numa "política armada", para designar essa conjugação.

Quais os instrumentos da política armada no contexto paulista e qual o peso dessa política no sistema de decisões?

Para efeito de análise podem-se considerar isoladamente — embora sem perder de vista que estão inseridos e entrelaçados no mesmo conjunto — três áreas fundamentais: o Exército Brasileiro, através de suas unidades sediadas em São Paulo, na medida em que essas unidades tiveram participação em movimentos políticos nacionais ou locais; a Força Pública do Estado de São Paulo, milícia estadual que, à parte das funções de auxiliar da polícia civil, foi o esteio ou a vanguarda das forças políticas estaduais em muitos momentos, ganhando tamanha amplitude que, recentemente, o governo federal julgou mais prudente integrá-la, como força militar, no Exército Brasileiro, juntamente com outras milícias estaduais; e, finalmente, a Polícia Política, que atua permanentemente, mais ou menos à semelhança do que ocorre em quase todos os países do mundo, controlando ou reprimindo as lideranças políticas mais atuantes e contrárias ao grupo dominante, com a circunstância de que mudam seus "inimigos" à medida em que muda a facção política predominante no Estado. Essa polícia também foi colocada, a partir de 1964, no âmbito de comando do governo federal, atuando como auxiliar dos órgãos federais de segurança, embora mantendo uma autonomia limitada, para os objetivos estaduais.

8. Por último, devem ser considerados os "grupos armados particulares", que em São Paulo sempre tiveram pequena significação, ao contrário do que se verifica em outros Estados brasileiros. A história registra alguns casos de constituição de grupos armados em território paulista com objetivos políticos, embora sejam raras tais ocorrências. Isso aconteceu, por exemplo, por volta de 1935 e 1937, quando a Ação Integralista, inspirada em moldes fascistas, saiu a campo para combater os movimentos de esquerda e acreditou depois que, pela força, poderia tomar o Poder no Brasil, sendo, entretanto, facilmente batida pelo Exército e tendo fornecido, com essa atitude, um dos pretextos para o golpe ditatorial de Vargas em 1937. Às vésperas de 1964 surgiu em São Paulo uma organização paramilitar, muito bem aparelhada, que, segundo comentários dos jornais, com base, sobretudo, na tolerância da polícia estadual, era ligada ao próprio Governador do Estado, Adhemar de Barros, não tendo, entretanto, chegado a atuar. Essa

organização adotara o nome de Patrulha Aérea Brasileira e usava a sigla PAB, com a evidente intenção de ser confundida com a Força Aérea Brasileira (FAB) e seus membros usavam uniformes semelhantes aos da Força Aérea, acentuando ainda mais a confusão. Por isso acabou sendo dissolvida, sem que ficassem claros seus objetivos. Depois de 1964 novos grupos de direita recorreram ao uso da força, sem apresentarem, entretanto, uma organização e um programa que pudessem identificá-los como grupo político orientado por alguma idéia ou algum objetivo político. A constante desses grupos era a disposição de usar da violência física para conter os movimentos esquerdistas.

É interessante notar que os movimentos extremistas de direita, não muito freqüentes no Brasil, tiveram quase sempre sua base de organização no Estado de São Paulo, embora se irradiassem depois para outros Estados.

O grupo mais atuante, formado em São Paulo, apareceu por volta de 1967 e adotou a denominação de Comando Caça Comunistas, utilizando a sigla CCC. Essa organização, que, de início procurava imitar a Klu-Klux--Klan (KKK) e era vista como simples brincadeira de estudantes, descambou para a violência aberta e desordenada, agindo ostensivamente nos meios universitários e invadindo teatros onde se levavam peças que o grupo considerava "de esquerda", agredindo os atores e intimidando os freqüentadores. Várias vezes, utilizando até armas de fogo, tentaram impedir a realização de eleições universitárias, porque tudo fazia prever que os vencedores seriam os esquerdistas. Esse mesmo grupo teve participação destacada numa verdadeira ação de guerra, inclusive com a utilização de muitas armas de fogo e de bombas de razoável potência, desencadeada do edifício da Universidade Mackenzie contra a Faculdade de Filosofia da Universidade de São Paulo, cujo prédio ficava do outro lado da mesma rua, em nível inferior, ocasião em que foi morto a tiros um estudante que se achava na Faculdade de Filosofia, tendo sido feridos vários outros. Em todas essas ações de violência foram reconhecidos vários membros da organização e denunciados à polícia pela imprensa, sem que fosse instaurado um inquérito ou qualquer deles fosse levado perante um Tribunal. Em reportagem completa, com nomes, endereços, características pessoais e até fotografias, a revista *O Cruzeiro* (edição de 9 de novembro de 1969), revelou que a organização contava com 46 membros, havendo entre eles alguns deficientes mentais ou portadores de anomalias psíquicas, mas quase todos alunos ou ex-alunos universitários. Posteriormente, a partir do ano de 1970, com a adoção de severas medidas oficiais para impedir manifestações estudantis e com a atuação rigorosa da censura de espetáculos teatrais, o grupo praticamente perdeu seus objetivos e não voltou a agir.

Além desse, há o fenômeno também recente de organizações subterrâneas de esquerda, que levaram a efeito inúmeras ações armadas, atacando quartéis do Exército e assaltando bancos, notando-se a existência de vários grupos isolados, com diferentes lideranças. Esses grupos não chegaram a desenvolver uma ação organizada, não tendo conseguido reunir grande número de adeptos e não tendo demonstrado qualquer possibilidade de tomar o Poder. A ação drástica dos organismos de segurança determinou a morte ou a prisão de quase todos os participantes daquelas organizações, não havendo mais notícia delas desde 1972. Um dado importante que deve ser ressaltado é que não se configurou um movimento unificado e politicamente influente, de "guerrilha urbana" com objetivos políticos bem definidos.

Em alguns casos, especialmente no da organização comandada por um antigo deputado comunista, Carlos Marighela, que, segundo informação oficial, foi morto em confronto com agentes da segurança, havia nítida orientação ideológica. Outras organizações, entretanto, identificavam-se genericamente como inimigas do poder econômico, adversárias do governo militar, ou simplesmente nacionalistas. O que parece, também, evidente, apesar de não terem sido publicadas informações muito esclarecedoras, é que alguns dos grupos ou indivíduos que recorreram à violência não tinham mesmo ideologia definida nem objetivos muito claros, dando mais a impressão de serem agrupamentos compostos por pessoas revoltadas contra a sociedade em geral ou psicologicamente desajustadas, em busca de fuga ou de afirmação pessoal. O fato é que há vários anos deixaram de ser registradas ações de grupos armados particulares, com objetivos sabida ou presumidamente políticos.

A respeito da utilização de "forças privadas" a serviço de particulares, encontradas ainda hoje em algumas partes do nordeste brasileiro, pode-se afirmar que o uso de homens armados para garantia de líderes políticos locais não teve acolhida no Estado de São Paulo, onde os chefes políticos municipais e estaduais preferiram sempre, com muito raras exceções, utilizar a poderosa máquina eleitoral do governo para manter seu predomínio ou, em casos extremos, utilizar a própria força pública. É oportuno assinalar que também os grupos de oposição não recorreram à força armada. A preferência dos dissidentes paulistas pelas soluções eleitorais é muito claramente demonstrada por Edgard Carone, na já referida monografia *Revoluções do Brasil Contemporâneo* (págs. 76 a 79).

É importante, aliás, acentuar que a existência de uma força pública estadual muito bem organizada, apoiando os objetivos do governo, em parte tornou desnecessária e em parte desencorajou a formação e utilização de grupos armados particulares.

Quanto à influência da força pública eficiente para desencorajar a utilização de grupos armados particulares, é também muito precisa a observação de Caio Prado Junior, em sua *História Econômica do Brasil* (vol. II, págs. 223 e 224). Segundo ele, em face da repercussão negativa de maus tratos sofridos pelos imigrantes estrangeiros, inclusive com o apoio das milícias, nas fazendas paulistas, no fim do século XIX, os governos federal e estadual adotaram uma série de providências para protegê-los, conformando-se os fazendeiros, embora de má vontade, com a exigência de tratamento melhor. No Nordeste brasileiro, onde os trabalhadores sempre foram quase que exclusivamente brasileiros, os senhores da terra formaram grupos armados para manter os empregados submissos, embora sofrendo todos os maus tratos e vivendo em condições miseráveis, e ninguém reagiu contra isso. Esses mesmos grupos armados foram sempre utilizados como polícia particular dos grandes proprietários e tiveram sua ação favorecida pela inexistência de eficientes forças públicas.

9. Aí estão as características fundamentais a serem consideradas no estudo da "política armada" no Estado de São Paulo. O estudo mais minucioso desses aspectos, sobretudo da história da polícia militar paulista, levará à formulação de conclusões específicas, que deverão

contribuir para a compreensão do processo político brasileiro.

Em estudo publicado no México, objetivando a fixação das características do federalismo na América Latina, afirma Jorge Carpizo: "As entidades federativas no Brasil, antes de 1930, tiveram bastante força; *São Paulo tinha seu exército*" (*Federalismo en Latinoamérica*, pág. 57). À primeira vista essa afirmação, quanto a São Paulo, pode parecer exagerada, mas um exame de dados e de fatos irá demonstrar que não há tanto exagero. Daí ser de grande utilidade o estudo desse aspecto, especialmente tendo em vista a grande importância de São Paulo no quadro brasileiro.

Com efeito, embora São Paulo não sirva de padrão para a explicação do Brasil, e não obstante o privatismo ainda predomine nesse Estado, em termos de iniciativa e objetivos, é óbvio que a força econômica que se concentra em São Paulo, as características do povo paulista, bem como a repercussão do comportamento paulista nos outros Estados da federação, tudo isso tem reflexo considerável na vida política brasileira.

II. A FORÇA PÚBLICA DO ESTADO DE SÃO PAULO

1. *Do Aparecimento das Milícias
ao Advento da República*

10. O antecedente mais remoto da polícia militar de São Paulo, que viria a ser a Força Pública do Estado, com a estrutura de um pequeno exército, foi uma lei de 10 de outubro de 1831, através da qual os Regentes da Monarquia deram às Províncias o poder de criar, em reunião do respectivo Conselho, um Corpo Municipal Permanente, para cuidar da ordem e da segurança interna. Com base nessa permissão legal o Presidente da Província de São Paulo, brigadeiro Rafael Tobias de Aguiar, em 15 de dezembro de 1831, propôs ao Conselho do Governo da Província a criação do Corpo Municipal Permanente. Nessa mesma data foi aprovada a proposta, para que se formasse a milícia com um efetivo total de cem homens, distribuídos em duas companhias de infantaria e uma de cavalaria, esta composta de trinta soldados comandados por um tenente.

Durante o século XVII e até a criação do Corpo de Permanentes — como passou a ser conhecido — São Paulo contara com alguns grupos mais ou menos improvisados, como os "Quadrilheiros" e a "Legião Paulista", para manutenção da ordem e defesa contra invasores. E a partir de 1831 essas tarefas passariam a ser executadas pela nova organização, dotada de características militares. A Província de São Paulo contava, então, com cerca de 500.000 habitantes, dos quais 20.000 residentes na Capital.

Em 1.º de março de 1832 o Presidente comunicou ao Conselho que estava encontrando grande dificuldade para compor a milícia, pois esta deveria ser formada por voluntários e poucos se interessavam. Propôs que fossem aumentados os vencimentos, além de se buscarem voluntários em outras Províncias. Desta forma o Corpo Permanente foi crescendo, apesar das dificuldades, e no ano de 1834 já se aumentou o efetivo da infantaria para 140 homens, considerando especialmente a necessidade de auxiliar no policiamento do porto de Santos e de várias cidades do interior da Província, onde esse trabalho vinha sendo feito sem nenhuma eficiência pela Guarda Nacional.

Uma lei provincial de 12 de outubro de 1834 determinou a criação de uma Guarda Policial Municipal, que ficaria encarregada dos serviços policiais no interior, utilizando homens alistados pelas próprias Câmaras Municipais. Essa corporação, cujas características variavam de um para outro Município, além de ser muito ineficiente, foi causa de muitos conflitos e acabou sendo oficialmente extinta em 1866.

O que teve continuidade foi o próprio Corpo Permanente, que, embora enfrentando grandes dificuldades financeiras, faltando-lhe recursos até para a compra de uniformes, foi aperfeiçoando sua organização e melhorando o preparo de seus homens. Em 1850 seu efetivo era de 400 homens, ficando 97 na Capital e distribuindo-se os demais por inúmeras cidades do interior.

Entre 1850 e o fim do período monárquico, em 1889, várias corporações policiais-militares surgem e desaparecem na Província de São Paulo. Por lei de 22 de junho de 1850 foi criada uma Companhia de Pedestres, com 25 homens, "para auxiliar no policiamento, prender escravos foragidos, apagar incêndios e efetuar diligências". Por falta de recursos financeiros, a Companhia foi dissolvida dois anos depois de criada. Em 1864, o próprio Corpo Municipal Permanente foi completamente reorganizado, mantendo-se, entretanto, seu efetivo de 400 homens, talvez pela dificuldade de conseguir novos voluntários.

No ano seguinte a corporação é chamada a participar de uma atividade excepcional, fornecendo 265 praças mais a oficialidade, para integrar o contingente brasileiro que iria lutar na guerra contra o Paraguai. Foi instituído então, para suprir a falta daqueles soldados, um Corpo Policial Provisório, com 80 praças e respectivos oficiais, autorizando-se também o aumento do efetivo da Guarda Municipal para 1600 homens. Esta corporação, que em nenhum lugar chegou a se organizar razoavelmente, foi extinta no ano de 1866.

Em 1871, retomada a ação de rotina, o efetivo do Corpo de Permanentes foi fixado em 429 homens, sendo permitida a criação de uma Guarda Local nas cidades do interior, para complementar a ação dos Permanentes. As municipalidades, entretanto, não dispunham de meios para organizar e treinar essas Guardas, as quais, sobretudo por essa razão, sempre foram de reduzida eficiência.

Pela lei provincial n.º 3, de 4 de março de 1875, foi criada uma Guarda Urbana, com um efetivo de 60 homens mais um comandante, número esse que foi elevado para 120 no ano de 1877. Neste mesmo ano a lei que fixava os efetivos para 1877/1879 estabeleceu que o Corpo de Permanentes teria 1.000 homens. Mas, por falta de interessados, em 1878 só se achavam alistados 810 soldados, chegando-se a 987 homens no ano de 1881.

Em 1885, já pressentida a abolição total da escravatura no país e iniciados os conflitos entre fazendeiros e trabalhadores livres, crescendo na Província de São Paulo o número de trabalhadores estrangeiros, especialmente italianos, mais conscientes de seus direitos, foi restaurada, pela lei provincial n.º 73, de 3 de maio, a polícia local. Passaram assim a existir, concomitantemente, o Corpo Municipal Permanente, a Guarda Urbana e a Polícia Local.

A Guarda Urbana, que passou a ser conhecida como Companhia de Urbanos, teve seu efetivo majorado para 150 homens em 1886 e para 210 no ano de 1887. Neste último ano, o Corpo de Permanentes foi reduzido para 508 praças e 22 oficiais. No ano seguinte, a Lei Provincial n.º 27, de 10 de março, extinguia a Polícia Local, cujas atribuições passaram a ser exercidas pelo próprio Corpo de Permanentes. Este, pela mesma lei, teve seu efetivo elevado para 1.500 homens, além de cuidar da melhoria de seu armamento com a aquisição de armas "Comblain". Estava-se, porém, às vésperas da República, que viria em 15 de novembro de 1889, e até o encerramento do período monárquico a organização policial-militar da Província nunca atingiu um alto nível de treinamento, disciplina e eficiência.

11. Convém que se diga alguma coisa sobre as atribuições da Polícia Militar durante esse período, pois aí já encontramos alguns aspectos de grande interesse para a compreensão do papel desempenhado pelas milícias nas diferentes fases da vida brasileira. Limitando-se, de início, à manutenção da ordem nas cidades, o que seria trabalho de pouca monta no ambiente pacato que caracterizou quase todo o segundo império brasileiro, as milícias teriam pouco mais a fazer, como a perseguição de escravos fugidos ou a prisão de criminosos oriundos de outras Províncias. A partir de 1850, com a proibição mais severa da importação de escravos e a chegada de imigrantes estrangeiros para substituí-los na lavoura, começa a delinear-se a intervenção da milícia na solução dos conflitos sociais. Acostumados à total submissão dos escravos — e mesmo dos trabalhadores brasileiros refugiados de regiões mais pobres — os fazendeiros paulistas custaram a compreender e a aceitar que os imigrantes estrangeiros tivessem direitos e exigissem um tratamento mais digno, afirmando-se como pessoas, não como coisas. Essa atitude dos novos trabalhadores pareceu-lhes uma petulância que deveria ser corrigida. E com esse objetivo, valendo-se do seu prestígio de senhores da terra, passaram a utilizar as forças policiais como se fossem guardas de seus interesses particulares, cometendo toda sorte de violências contra os imigrantes e suas famílias. E a tal ponto levaram essas violências que no Parlamento italiano, fazendo-se a denúncia dessas ocorrências, chegou a ser proposta a proibição da saída de emigrantes para o Brasil.

Por se tratar de trabalhadores estrangeiros, e verificando a repercussão internacional das violências, o governo brasileiro resolveu intervir em defesa dos imigrantes empregados na lavoura. É importante assinalar que, nessa época, as reivindicações dos trabalhadores limitavam-se à exigência de serem respeitados como seres humanos, recebendo o salário contratado pela execução de tarefas previamente convencionadas, resguardando a honra e a integridade física de seus familiares, sem qualquer ameaça à ordem econômica e social vigente. Mais tarde, muitos desses trabalhadores e seus descendentes foram para as cidades trabalhar como operários. Aí, então, o comportamento do governo perante suas reivindicações mudou substancialmente, conforme se verá.

2. *Surgimento da Força Policial de São Paulo como Instrumento da Política Armada*

12. Com a proclamação da República e o estabelecimento da organização federativa, que vinha atender aos intensos desejos de maior liberdade de ação, alimentados pelos líderes locais, grande soma de atribuições do governo central passou para os Estados, sucessores das antigas Províncias. Essa passagem, entretanto, foi gradativa, uma vez que a cada serviço deveria corresponder uma organização, que ainda deveria ser criada pelos Estados. A manutenção da ordem pública, porém, já era atribuição das Províncias, só interferindo as forças nacionais em casos de extrema gravidade, que ameaçassem a própria monarquia ou que envolvessem a população em conflitos armados. Assim, pois, é compreensível que nos primeiros orçamentos dos Estados as despesas com as forças policiais fossem as mais elevadas, situação esta que seria modificada à medida em que outros serviços fossem sendo assumidos pelos Estados (vide Anexo 1).

A própria organização das milícias estaduais não pôde ser desde logo melhorada, pois os Estados ainda não se achavam aparelhados para viver com suas próprias rendas, necessitando de algum tempo para isso. Foi o que ocorreu com o Estado de São Paulo, que, apesar de ter condições econômicas mais favoráveis, que lhe permitiram organizar-se em tempo relativamente curto, só nos primeiros anos do Século XX introduziria modificações substanciais em sua polícia militar.

Em todo caso, mesmo com essa limitação inicial, os primeiros governantes paulistas da fase republicana compreenderam a importância de tal setor, empenhando-se desde logo, na medida do possível, em criar uma força militar própria que fosse a garantia efetiva da ordem e da segurança internas, bem como da autonomia política que o Estado conquistara com a adoção da organização federativa no Brasil.

O Decreto n.º 1, de 18 de novembro de 1889, pelo qual o Estado de São Paulo, através de um governo provisório, aderia à República, dispunha no artigo 3.º: "O governo provisório proclamado pelo Estado de São Paulo adotará, com urgência, todas as providências necessárias para a manutenção da ordem e da segurança pública, defesa e garantia da liberdade, dos direitos e dos interesses legítimos dos cidadãos, quer nacionais, quer estrangeiros". Pelo Decreto n.º 29, de 15 de março de 1890, o governador do Estado, Prudente de Moraes, considerando que o grande desenvolvimento da população do Estado tornava necessário o aumento de sua força policial, para bem garantir a ordem e a tranqüilidade pública, na Capital e no interior, fixava a força policial do Estado de São Paulo para o período de 1890 e 1891. Compondo-se de um

Corpo Policial Permanente, com 1842 homens, de uma Companhia de Urbanos, com 361 homens, e de uma Secção de Bombeiros, com 64 homens, a força policial teria um efetivo total de 2.267 homens. A Companhia de Urbanos, diretamente subordinada ao Chefe de Polícia, ficaria incumbida da vigilância contínua da Capital e de seus arredores, enquanto que o Corpo Permanente cuidaria da Capital e do interior.

13. Em 14 de março de 1892, revelando a preocupação do governo com a ampliação da política militar, o decreto n.º 32 abre um crédito especial de 80:000$000 (oitenta contos de réis) para a contratação de homens em outros Estados, "considerando a impossibilidade absoluta de se encontrar pessoal que se engaje para os serviços do Corpo Militar de Polícia e considerando que fora do Estado, com facilidade, se obterá o aludido pessoal". Nesse mesmo ano, em carta de 2 de setembro, escrevia Campos Sales a Bernardino de Campos, então governador do Estado de São Paulo: "Você é governo: não assombre-se com os boatos e procure tornar simpática a República. Uma precaução você deve tomar e eu já aconselho para São Paulo desde o governo de Prudente: é que deve ter muito bem organizada e disciplinada a nossa força policial, dando o comando a homens de confiança. Com 5.000 homens (que é o efetivo, segundo creio) você pode conservar um grosso de 2.000 permanentes na Capital. Esta gente, sob um regime rigorosamente militar, será o casco poderoso para qualquer eventualidade..." (Essa carta de Campo Sales foi publicada por Antônio Barreto do Amaral, inserida num artigo intitulado *A Missão Francesa de Instrução da Força Pública*

de São Paulo, incluído na Revista do Arquivo Municipal de São Paulo, número CLXXII, págs. 33 e segs.).

Essa carta é de extraordinária importância como revelação da mentalidade política da maioria dos governantes da Primeira República. Quais seriam os perigos que tornavam tão necessário que o governador tivesse logo à mão, na própria Capital, 2.000 homens para protegê-lo? A primeira impressão que se tem é a de que os monarquistas inconformados poderiam tentar a restauração do governo monárquico. Entretanto, não se tem notícia de qualquer movimento significativo em tal sentido, havendo, tão só, grupos inconseqüentes, que jamais tiveram condições para esboçar uma reação efetiva contra a República. A maior prova disto está no próprio Decreto n.º 2, de 25 de novembro de 1889, do governo provisório paulista. Por esse decreto foram declarados extintos os governos provisórios instalados nos Municípios depois de 15 de novembro, por se ter verificado que a ordem e a tranqüilidade públicas não tinham sido alteradas, "nem mesmo nos dias de maior expansão de júbilo popular pelo feliz advento da República". Descontado o exagero do *júbilo popular,* que pode ser convertido em *indiferença popular,* o que se verifica é que a total ausência de reação permitia que se mantivessem nos cargos públicos os administradores remanescentes da Monarquia. Assim, portanto, o perigo não estava nos monarquistas.

Os movimentos operários, por sua vez, ainda não tinham qualquer significação em São Paulo e só iriam surgir a partir de 1902, quando começaram a tomar vulto e acabaram por se transformar em "caso de polícia", conforme a expressão atribuída a Washington Luiz e que se tornaria conhecida como símbolo da mentalidade ultraconservadora do Partido Republicano Paulista. Não eram também os operários, como se vê, que atemorizavam Campos Sales em 1892.

Resta considerar a hipótese de uma séria divergência dentro do próprio grupo republicano dominante. Ao que tudo indica, aqui é que se encontra a explicação. Logo cedo se revelou um desencontro entre os mais empedernidos conservadores, que detinham o comando e não admitiam contestações, e uma corrente mais liberal, embora ambos os grupos estivessem de acordo quanto à estrutura econômica e social e quanto aos princípios que deveriam orientar a sociedade brasileira. As discordâncias, a rigor, seriam apenas de métodos, além do que cada grupo se considerava mais apto para governar. Essa discordância tornou-se patente em 24 de abril de 1900, com a organização da Dissidência Paulista, tendo por líder Júlio de Mesquita, o que faz crer que ela já existisse nos bastidores alguns anos antes.

14. Com base nesses elementos, já se pode tirar uma conclusão quanto aos propósitos políticos do grupo dominante: ele não se preocupava com o risco, de fato inexistente, de uma tentativa de mudança do regime político ou de uma revolução social, mas estava disposto a defender, até mesmo pelas armas se necessário, sua condição de grupo dominante.

Outra conclusão, não menos significativa, é que se dava à força militar o papel de defensora dos interesses da oligarquia, passando para segundo plano o interesse público. O importante era ter uma força muito bem disciplinada e organizada, comandada por homens de absoluta confiança dos oligarcas, para que essa gente armada fosse o "casco poderoso" para qualquer eventualidade. Aí está, claramente revelada, a intenção de utilizar a força militar estadual ou federal, conforme as circunstâncias, como instrumento político. Essa atitude, que seria uma constante na vida republicana brasileira, explica, em grande parte, a desconfiança e a hostilidade da maioria dos militares em relação à "classe política", reiteradamente manifestadas a partir de 1964.

15. Voltando, porém, ao ano de 1892, vê-se que, talvez por influência dos conselhos de Campos Sales, Bernardino de Campos tratou de reforçar o dispositivo policial-militar. Por decreto de 21 de setembro as corporações foram unificadas sob a denominação de Força Policial e colocadas diretamente à disposição do Presidente do Estado, com um efetivo de 3.933 homens.

Já no ano seguinte a milícia é chamada a participar de ações que fogem ao âmbito de suas atividades de rotina, assumindo quase que as características de um pequeno exército estadual. Com efeito, desencadeada no sul do país a luta entre "castilhistas" (seguidores de Júlio de Castilhos) e federalistas, em julho de 1893, o almirante brasileiro Eduardo Wandenkolk arma em Buenos Aires o navio "Júpiter" e vem auxiliar os federalistas. Impossibilitado de ancorar nos portos do sul, prevê-se que tentaria desembarcar seus homens no porto de Santos, para onde segue um poderoso contingente da Força Policial, preparado para travar combate se necessário. Entretanto, tudo se resolveu de maneira mais fácil, com o aprisionamento do Júpiter no porto de Desterro (que mais tarde viria a chamar-se Florianópolis, em homenagem a Floriano Peixoto, sob os protestos de Ruy Barbosa), no Estado de Santa Catarina. Ainda no ano de

1893, em 6 de setembro, irrompe no Rio de Janeiro a Revolta da Armada, chefiada por Custódio José de Melo. Também nessa oportunidade se temeu a invasão do território paulista, espalhando-se contingentes da Força Policial por vários pontos estratégicos do litoral do Estado, além de serem designados outros agrupamentos para guarnecer as divisas de São Paulo com o Paraná. Nesta ocasião, igualmente, a ação de guerra foi apenas preventiva, valendo, entretanto, como demonstração de que a Força Policial poderia ser chamada a desenvolver ações militares de grande envergadura, devendo estar preparada, em organização, disciplina e armamentos, para tais emergências.

16. Em abril de 1896, a Força recebe novo regulamento e, em 24 de dezembro desse mesmo ano, sendo então Presidente do Estado de São Paulo o próprio Campos Sales, o efetivo da milícia é elevado para 5.178 homens.

No ano de 1897, estando na Presidência da República o paulista Prudente de Moraes, o governo federal encontra dificuldades para dominar um movimento rebelde de "jagunços" (mistura de bandoleiros e fanáticos religiosos) instalado em Canudos, no sertão baiano, sob a chefia de Antônio Conselheiro. Resolvendo debelar o movimento, que já impusera uma séria derrota militar às forças federais, desgastando politicamente o governo, compõe-se uma força poderosa, na qual se incluem contingentes da milícia paulista, conseguindo-se dizimar os rebeldes.

Essa participação na "guerra de Canudos", como ficou sendo conhecido o confronto entre as forças regulares e os jagunços, demonstra que a milícia paulista já apresentava um considerável padrão de organização e de eficiência. Mas os próprios paulistas ainda não se mostravam satisfeitos, especialmente porque, a partir de 1900 — quando a população da cidade de São Paulo foi além de 200.000 habitantes, com o início de uma intensa atividade industrial e conseqüente concentração operária —, surge um novo e importante problema, que é o do relacionamento entre patrões e empregados.

Acostumados à cega obediência, os oligarcas não admitiam que empregados se organizassem para apresentar reivindicações, coagindo os empregadores. Viam nessa atitude uma ameaça às tradições de respeito à autoridade e à hierarquia, o que significava, em última análise, uma ameaça à própria ordem social. Daí a conclusão de que o problema operário era um "caso de polícia", exatamente um daqueles casos que reclamavam a utilização do *casco poderoso* da milícia, para preservação do prestígio do governo como guardião das instituições. E a primeira manifestação concreta dessa mentalidade ocorreu em 1905, quando os trabalhadores da Companhia Paulista de Estradas de Ferro levaram a efeito a greve mais importante verificada em São Paulo no começo do século, reclamando melhores salários e outros benefícios. Liderados por trabalhadores que se haviam inspirado nos movimentos operários europeus — e muitos dos operários paulistas eram também europeus —, os grevistas promoveram passeatas pelas ruas centrais da cidade, apoiados pelos estudantes da Academia de Direito. A presença do governo logo se fez notar, através de violentas cargas da cavalaria da Força Policial, dispersando, ferindo e prendendo manifestantes, fazendo fracassar o movimento grevista. Em maio de 1906 a milícia voltaria a ser utilizada contra ferroviários da Companhia Paulista, em cidades do interior de São Paulo, especialmente Rio Claro. A repressão foi ainda mais além, com a aprovação, no ano de 1906, da "Lei Adolfo Gordo", que previa a expulsão do país, como *anarquistas*, de todos os trabalhadores estrangeiros que fossem denunciados pelos patrões ou pela própria polícia, não havendo necessidade de provas, bastando a simples informação policial.

Estava consumado o batismo de fogo da milícia, num papel que ela voltaria a desempenhar muitas vezes daí por diante, como o instrumento armado da política do grupo dominante. Com raras exceções, os integrantes da milícia se consideravam politicamente neutros, encarando seu desempenho como defesa da ordem legal vigente e decorrência natural do dever de obediência às ordens emanadas das autoridades constituídas.

3. *A Missão Francesa Prepara Uma Supermilícia*

17. O Presidente do Estado de São Paulo eleito em 1904, Jorge Tibiriçá — aquele que determinaria a violenta repressão de 1905 —, desde logo manifestou o desejo de reorganizar a polícia militar, modernizando-a em todos os sentidos e procurando dar-lhe as características de um verdadeiro exército. Filho de paulista e francesa, tendo ele próprio estudado na França, na Suíça e na Alemanha, achou que o melhor caminho para atingir aquele objetivo seria a contratação de uma missão militar européia, que orientasse o reaparelhamento da Força Policial. Consultado a respeito, o Ministro do Exterior, que era o Barão do Rio Branco, este, por carta de 22 de abril de 1905, sugeriu que se tentasse obter os serviços de um oficial do exército alemão, "o primeiro da Europa" (cf. Antônio Barreto do Amaral, no artigo

anteriormente citado). De qualquer maneira, achava boa a idéia da colaboração de militares europeus.

    Prevalecendo a preferência do governador paulista, iniciaram-se as negociações na França, através da Legação Brasileira. Recaiu a escolha num brilhante oficial de artilharia, Comandante Paul Balagny, que apresentava este impressionante currículo: com 43 anos de idade, casado e sem filhos, participara, com destaque, de operações militares na Indochina, tendo colaborado na confecção do mapa geral da região, onde permaneceu até 1891. Fez então uma viagem de estudos pela China, pelo Japão e pela América do Norte. Em junho de 1892 foi para a África, incorporado a uma brigada topográfica destinada à Tunísia. Voltando a Paris no ano seguinte, ingressou na Escola Superior de Guerra, indo, em 1901, para o Serviço Geográfico do Exército. Publicou, então, uma obra sobre a campanha de Napoleão na Espanha, onde estivera para conhecer os lugares pelos quais passara o exército do Grande Corso. Finalmente, fora transferido para a Secção de História do Exército. Era portador de cinco condecorações e lia e falava, além do francês, inglês, alemão e espanhol, tendo noções de russo, chinês e japonês, sendo também diplomado em língua anamita.

    Chegando a São Paulo em 21 de março de 1906, a Missão Francesa, composta do Comandante mais um tenente e um sargento, começa logo seu trabalho de reorganização e treinamento da Força Policial. No dia 19 de março o Comandante Balagny já apresentava ao Secretário da Justiça do Estado de São Paulo um minucioso relatório, expondo seu plano de trabalho e sugerindo que fossem imediatamente distribuídos aos soldados 1.400 fuzis "Mauser", novos e modernos, que a Força acabara de adquirir.

O treinamento da Força Policial de São Paulo, com a utilização dos métodos adotados pelos exércitos mais bem adestrados da época, tornou-se assunto nacional. A imprensa oposicionista de São Paulo, especialmente o jornal "O Comércio de São Paulo", procura criar embaraços ao trabalho da Missão Francesa instigando contra ela a opinião pública. Ao mesmo tempo, condena o exgero da preparação militar, que incluía a guarda urbana e o corpo de bombeiros, concluindo com certa malícia: "não sabemos qual a intenção do governo, querendo que tenha caráter militar toda a força do Estado". A imprensa do Rio de Janeiro levava ainda além as suas críticas, manifestando, velada ou abertamente, grande receio pelo requintado aperfeiçoamento da polícia militar paulista, cujos objetivos considerava mal definidos. Observando que os exercícios em que se empenhava a milícia davam a impressão de que São Paulo se preparava para uma guerra, concluía: "ninguém ousará dizer que são para os misteres usuais de guardar ruas e meter relapsos no xadrez, que os nossos policiais necessitam de oficiais vindos da escola de Saint Cyr ou de Saumur". Numa crítica mais aberta dizia-se que "o Estado de São Paulo seria a Prússia brasileira e queria a hegemonia no concerto da federação a custo das baionetas de seus soldados, não trepidando em contratar técnicos fora do país para adestrá-los".

Já em 15 de novembro de 1906, aniversário da proclamação da República, a Força dava uma demonstração pública de seus progressos, constituindo-se no ponto alto das comemorações levadas a efeito no hipódromo da Moóca, na cidade de São Paulo. Participaram da exibição: o 1º Batalhão de Infantaria, com 700 homens e 4 metralhadoras; o Corpo de Cavalaria, com 200 homens; uma Companhia do Corpo de Bombeiros, com 400 homens; e um pelotão de graduados dos 2º, 3º e 4º Batalhões e da Guarda Cívica. A infantaria desfilou em primeiro lugar, impressionando pela coordenação dos movimentos e pela disciplina. Em seguida, pôs-se em movimento o Corpo de Cavalaria, desfilando a trote, em colunas de secção, até à cerca da pista. Aí chegando, em lugar de sair do campo, como fizera a infantaria, fez duas mudanças à esquerda e veio formar em batalha ao fundo do terreno, em frente às tribunas, sobre as quais executou, com perfeita correção, uma carga a galope, parando à borda da pista em continência. As reações dos assistentes, entre os quais estava o próprio Presidente do Estado, foram de surpresa e grande entusiasmo.

Em 22 de abril de 1908, já agora com um efetivo superior a 5.000 homens, a Força Policial teve a oportunidade de se exibir para o então Ministro da Guerra, Marechal Hermes da Fonseca. Pelo 1º Batalhão de Infantaria foram feitos exercícios de desenvolvimento com e sem arma, esgrima de baioneta, escola de companhia, manejo de armas, escola de batalhão e evolução de conjunto e assalto. Depois disso, a Cavalaria executou exercícios de escola de esquadrão, exercícios de combate, fazendo outras demonstrações de seu rigoroso adestramento. Em manobra final e surpreendente, reapareceu o 1º Batalhão de Infantaria, executando um simulacro de ataque e tomada do leito da Estrada de Ferro Cantareira, terminando o combate com um assalto a baioneta. Como era de se esperar, o Ministro da Guerra ficou fortemente impressionado, conforme deixou patente em várias entrevistas concedidas aos jornais.

Essa demonstração produziria efeitos da maior importância poucos anos depois. De fato, assumindo a Presidência da República em 1910, o Marechal Hermes da Fonseca, desprovido de experiência política, sofreu perigoso envolvimento por parte de líderes políticos que desejavam a intervenção federal nos Estados, para conseguirem um comando político que de outra forma não obteriam. Também em São Paulo houve quem pretendesse a intervenção. Entretanto, contando com a poderosa proteção da Força Policial, cujo efetivo já se aproximava de 7.000 homens, o governo paulista manifestou sua intenção de resistir, organizando amplo sistema de defesa das fronteiras e do porto de Santos. Informado desses preparativos e, certamente, tendo ainda bem viva na memória a impressionante demonstração a que assistira em 1908, Hermes da Fonseca resistiu à pressão dos políticos, especialmente dos membros do Partido Republicano Conservador de São Paulo, e a intervenção não foi realizada.

A Missão Francesa, que fora contratada, inicialmente, para um período de dois anos, acabou permanecendo em São Paulo de 21 de março de 1906 até 4 de agosto de 1914, quando, com a eclosão da guerra entre a França e a Alemanha, teve que regressar ao seu país para participar da luta. Mas após todos esses anos de treinamento a Força Policial de São Paulo já ostentava um alto padrão de organização e disciplina, constituindo-se em poderoso instrumento de defesa e de repressão, em que os governos se apoiariam legalmente, embora nem sempre com a preocupação primordial de defesa do interesse público.

4. O Movimento Operário: Um "Caso de Polícia"

18. A Primeira Guerra Mundial favoreceu — como voltaria a ocorrer com a Segunda — o desenvolvimento econômico-industrial de São Paulo, aumentando, em conseqüência, a concentração operária e os movimentos de reivindicação. A oligarquia dominante em São Paulo, constituída dos "barões do café" que não viam com bons olhos o desenvolvimento da indústria, não podia tolerar que a classe operária, sem tradições e sem a respeitabilidade dos senhores de terras quisesse fazer exigências, subvertendo os princípios da hierarquia e da autoridade e desrespeitando as regras de convivência que tinham a consagração de mais de um século.

A revelação dessa mentalidade ocorreu muito concretamente em julho de 1917, quando São Paulo era governado por Altino Arantes. Registrou-se nesse mês, em São Paulo, a primeira grande manifestação conjunta dos operários, com nítido sentido de classe, promovendo-se uma greve de que participaram quase todas as categorias profissionais. De 8 a 19 de julho realizam-se grandes manifestações operárias, nas ruas e em recintos fechados. A reação do governo foi colocar a Força Pública na rua, instalando metralhadoras pesadas em pontos estratégicos, com a disposição de utilizar a força armada até às últimas conseqüências, para que fosse reafirmado o poder incontrastável do governo. Mas, para surpresa de todos surgiram focos de revolta na própria Força Pública, em grande parte porque os soldados, recebendo remuneração deficiente, sentiam um princípio de justiça na reivindicação dos operários. A presença da Força Policial nas ruas acabou influindo, todavia, para que o movimento chegasse a bom termo sem conseqüências mais graves. Mas a ocorrência serviu para deixar bem clara, para quem ainda tivesse dúvidas, a intenção da oligarquia em relação à milícia, servindo também para demonstrar, por outro lado, que já não seria tão fácil a utilização da polícia militar como guarda dos interesses do grupo dominante.

5. *1924: Antevéspera do Fim dos Antigos Oligarcas Paulistas*

19. De 1920 em diante a ordem econômico-social brasileira começa a perder alguns pontos de sustentação, ficando cada vez mais abalada a estrutura tradicional. A fundação do Partido Comunista Brasileiro, em março de 1922, não significa, obviamente, a adesão do operariado brasileiro ao comunismo, mas demonstra que a classe operária, influenciada mais intensamente pela situação internacional, começa a se politizar, definindo mais claramente os seus objetivos de classe, indo além das simples reivindicações de caráter imediatista. E São Paulo, como um dos principais centros de concentração operária do Brasil, não seria insensível a esse novo fator de transformação social.

20. No Estado de São Paulo, por influência dos trabalhadores estrangeiros, bem como pelo início do desenvolvimento industrial e conseqüente formação do proletariado, surgiram muito cedo os movimentos operários. É evidente que, em suas primeiras manifestações, tais movimentos agrupavam um número pequeno de participantes e, com exceção da greve da Companhia Paulista de Estradas de Ferro, em 1905, só em 1917

passariam a ter influência nas atividades normais da cidade e do Estado de São Paulo. O primeiro *problema operário* de que se tem notícia ocorreu em 15 de abril de 1894, quando a polícia prendeu, no prédio de número 110 da rua Líbero Badaró, na cidade de São Paulo, nove operários italianos e alguns brasileiros, que preparavam uma comemoração para o dia 1º de maio. Em 1901, influenciados por Euclides da Cunha e alguns amigos, trabalhadores da indústria fundaram, em São José do Rio Pardo, no interior do Estado, uma associação operária a que denominaram "Clube Internacional Filhos do Trabalho". Tal associação, fruto de um romântico impulso intelectual e aparecida numa cidade que possuía muito poucos operários, tinha por objetivo a vulgarização dos princípios essenciais do movimento socialista, difundidos pela Internacional (a informação é dada por Rui Facó, em *A Evolução do Pensamento de Euclides da Cunha*, publicado na revista *Estudos Sociais*, ano II, nº 6, Rio de Janeiro, 1959, páginas 164 e 165). Ainda em 1901 publicou-se em São Paulo, em italiano e português, sob a direção do engenheiro Alcebíades Bertolotti, o jornal *Avante*, que patrocinou o Segundo Congresso Socialista Brasileiro, realizado em 1902. Em 1903 aparece em São Paulo o jornal *La Battaglia*, dirigido por Oreste Ristori e qualificando-se como órgão de crítica social, de tendência libertária. No começo do ano de 1905, em 5 de fevereiro, realiza-se em São Paulo um comício, para comemorar a Revolução Russa, falando sobre o assunto Antônio Piccarolo e Oreste Ristori. Compareceram à reunião dezessete ligas operárias, da capital e do interior do Estado, bem como de outros Estados, registrando-se também a presença de representantes de vários *círculos italianos*. Nesse mesmo ano é que ocorre a grande greve dos ferroviários da Companhia Paulista, desencadeando uma ação enérgica do governo contra os movimentos operários, culminando com a Lei Adolfo Gordo, que previa a expulsão do país de todos os estrangeiros *anarquistas*. Na realidade, os primeiros líderes proletários brasileiros eram influenciados sobretudo por Bakunin, Kropotkin e outros grandes nomes do anarquismo, vindo bem depois a influência de Karl Marx. A fundação da Confederação Operária Brasileira, em 1908, demonstraria que a conscientização e a organização do proletariado brasileiro estava em marcha, embora em São Paulo só em 1917 se verificasse outro grande movimento grevista e desta vez com nítido sentido de atuação de classe, abrangendo muitas categorias profissionais. Depois disso, e sobretudo depois da fundação do Partido Comunista Brasileiro, que se deu no Rio de Janeiro, em 25 de março de 1922, passaria a ser marcante a influência social do proletariado em São Paulo e no Brasil (veja-se, a esse respeito, Vamireh Chacon, *História das Idéias Socialistas no Brasil*, Rio de Janeiro, 1965, páginas 284, 312, 315 e 322; e Edgard Carone, obra citada em notas anteriores, página 8). Na realidade, o crescimento do movimento operário não significou o crescimento do Partido Comunista, bastando atentar-se para o fato de que, com raras exceções, o operariado sempre reivindicou melhoria salarial e condições de trabalho mais favoráveis, procurando obter vantagens permanentes e uma posição ativa no estabelecimento das relações de trabalho. Não chegou, porém, a desencadear qualquer ação visando a transformação da estrutura econômico-social. Não há dúvida de que o Partido Comunista, embora minoritário, atuou muitas vezes como instigador dos movimentos de trabalhadores. Mas o próprio fato da criação do Partido só em 1922, muito depois das primeiras manifestações operárias, revela que, independente dele, os trabalhadores brasileiros já vinham desenvolvendo uma consciência de classe.

21. O ano de 1922 assinala o começo de uma série de acontecimentos que iriam, afinal, levar à queda da oligarquia agrária em 1930. De fato, além da movimentação operária também se verificam sinais de inquietação nos meios militares, sobretudo por iniciativas da oficialidade jovem, o que iria caracterizar o movimento como "Revolução dos Tenentes". O principal foco de insurreição foi o Forte de Copacabana, no Rio de Janeiro, embora houvesse outros surtos de rebeldia, como, por exemplo, Mato Grosso, onde se verificou um começo de revolta, sob a chefia do general Clodoaldo da Fonseca. Nessa ocasião foram enviados contingentes especiais da Força Policial de São Paulo para guarnecer as fronteiras com o Paraná e com o Mato Grosso, sem que houvesse, entretanto, qualquer confronto de tropas.

Logo mais, porém, São Paulo, que havia permanecido em calma durante a crise de 1922, iria explodir com grande violência, transformando-se as ruas da capital paulista em palco de sangrentos conflitos armados, com intensa participação da milícia estadual. O descontentamento dos jovens militares havia tomado maior vulto em 1923, sob efeito de uma pregação pela renovação dos costumes políticos, agravando-se a situação quando o Presidente da República, Arthur Bernardes, começou a transferir militares para pontos distantes do país, a fim de dispersar o grupo revoltoso de 1922. E quem assumiu a chefia do novo movimento de revolta foi o general Izidoro Dias Lopes, comandante das forças do Exército na região de São Paulo, que teve o apoio ostensivo do vice-Presidente da República, Nilo Peçanha. Em 5 de julho de 1924 eclodiu o conflito armado, que contou, desde logo, com a adesão do Regimento de Cavalaria da Força Policial de São Paulo, comandado pelo major Miguel Costa. Várias guarnições federais sediadas no sul do país aderiram ao movimento, mas a deficiência dos armamentos, especialmente da divisão que tinha sede em São Paulo, não dava condições para uma ação muito eficaz. Quem realmente sustentou a luta foram os revoltosos da Força Policial, tendo como principais oponentes os batalhões da própria milícia que se mantiveram fiéis ao governo. Depois de um início fulminante, quando conseguiu tomar vários quartéis e dominar a maior parte da cidade, os revoltosos começaram a perder terreno, sobretudo pela precariedade da organização e das comunicações. Afinal, nos últimos dias do mês de julho, as forças governistas, que se haviam aglutinado fora da cidade, na localidade de Guaiaúna, onde se refugiara o próprio Presidente do Estado, desencadearam violenta ofensiva, desmantelando a resistência dos revoltosos. Estes, derrotados, puseram-se em fuga, sendo perseguidos além das fronteiras paulistas, até Mato Grosso e Goiás, e depois, por um batalhão da Força Policial transportado de navio para o norte do país, também nos Estados do Ceará, da Paraíba e da Bahia, registrando-se alguns combates isolados até o ano de 1926. Depois de várias tentativas de contato com a "Coluna Prestes", composta por militares participantes da insurreição de 1922 e que percorria o Brasil em ações exparsas contra o governo, foram, afinal, presos ou dispersados, tendo o general Izidoro Dias Lopes buscado refúgio fora do país.

Para se ter melhor idéia de como foi apresentado, na época, o problema da revolta de Izidoro, qualificando-a como *ação contra a legalidade*, será interessante conhecer-se a parte final da Ordem do Dia nº 137, de 7 de julho de 1924, através da qual o Comandante do Primeiro Corpo da Guarda Cívica da Força Pública de São Paulo, Tenente-Coronel Alexandre Gama, fez uma proclamação aos seus comandados. Eis o texto: "Avante, pois, bravos oficiais e soldados. O nosso lugar é nas linhas de fogo em defesa da legalidade. Coragem e confiança na ação do nosso patriótico governo, porque só assim poderemos voltar amanhã aos nossos lares, de fronte erguida, com a consciência tranqüila de quem tem cumprido o seu dever". Muitos livros foram publicados sobre a revolta de 1924, encontrando-se, entretanto, um relato suscinto e completo, quanto ao comportamento da Força Pública do Estado de São Paulo, no trabalho do capitão Luiz Sebastião Malvásio intitulado *História da Força Pública* (São Paulo, 1967, págs. 109 e 110).

É importante assinalar que a ala dissidente da burguesia paulista, embora contrária à política de Arthur Bernardes, recusou-se a participar do movimento armado, revelando-se, já então, sua preferência por soluções pacíficas, por meio do jogo político, que não punha em risco a estrutura econômico-social. Outro aspecto relevante das ocorrências de 1924 é que o general Izidoro Dias Lopes exigiu de seus comandados o mais absoluto respeito aos bancos e às casas comerciais paulistas, embora requisitasse dinheiro dos órgãos federais existentes em São Paulo e não se opusesse ao saque de estabelecimentos que aqui tivessem filiais ou depósitos, mas que não fossem considerados paulistas. Naturalmente pretendia com isso obter o apoio — que não recebeu

—, ou pelo menos a neutralidade — que foi o que se verificou — da oligarquia paulista. Dentro dessa mesma linha o general recusou o apoio de líderes operários que lhe foram levar solidariedade (cf. Edgard Carone, ob. cit., págs. 52 a 66).

22. Em conseqüência da adesão de uma parte da milícia estadual aos revoltosos do Exército, o governador de São Paulo, Carlos de Campos, resolveu adotar providências para neutralizar novas possibilidades de rebeldia. A Força já não mantinha a solidariedade absoluta e incondicional que fizera dela um instrumento dócil dos interesses da oligarquia. Com efeito, embora em 1917 ela não tivesse agido com toda a violência desejada pelo governo, só em 1924 ela agiria, embora não unanimemente, contra o próprio governo. Por tais motivos o Governador aumenta consideravelmente o efetivo, que havia sido fixado em 8.829 homens pelo seu antecessor, Washington Luiz, passando-o para mais de 14.000 homens (vide Anexo 2). Isto, naturalmente, por acreditar que os novos integrantes, não tendo participado da revolta em qualquer sentido, não estariam influenciados por seus objetivos, nem seriam impelidos por um sentimento de solidariedade para com os colegas que fossem punidos. Paralelamente, outras medidas são adotadas. Por lei de 17 de outubro de 1924 são concedidos benefícios aos oficiais e praças da Força Pública "que souberam defender e sustentar as instituições fundamentais da Nação e do Estado", aumentando-se também os vencimentos do Coronel Comandante Geral. Em 2 de dezembro de 1924 outra lei tornava extensivos aos componentes da Força Pública certos benefícios que eram já concedidos aos funcionários civis do Estado. E em 31 do mesmo

mês publica-se uma lei reorganizando a Força Pública e autorizando o governo a promover ou ajudar a organização de *forças auxiliares*, anexáveis à Força Pública do Estado, fornecendo-lhes instrução militar, fardamento, equipamentos, armas e munições.

Na realidade, a lei nº 2.051, de 31 de dezembro de 1924, reorganizou a Força Pública sobretudo com a intenção de assegurar maior disciplina e impedir ou dificultar novos surtos de rebeldia. Foi com o propósito de propiciar ao Governador a possibilidade de neutralizar, por meio de contingentes armados, eventuais movimentos de rebeldia que eclodissem na Força Pública, que essa lei dispôs, em seu artigo 22: "Poderá o governo, sempre que julgar conveniente à defesa da ordem pública, promover ou auxiliar a organização de forças auxiliares, anexáveis à Força Pública do Estado, fornecendo-lhes instrução militar, fardamento, equipamentos, armas e munições". Essa possibilidade de criação de forças auxiliares só seria posta em prática em 1932, com a organização de batalhões de voluntários, conforme se verá mais adiante.

23. O movimento de 1924, que já fora, em certo sentido, um prolongamento de 1922, iria apresentar novos desdobramentos, até o fim, já bem próximo, da Primeira República. Em 1926, aproveitando o ambiente de descontentamento e de insegurança gerado pelos conflitos armados, os oligarcas dissidentes de São Paulo fundaram o Partido Democrático, que congregava os componentes dos seguintes partidos: Popular, Evolucionista, Liberal e da Mocidade. Era o meio de organizar uma força política mais poderosa, capaz de se opor ao Partido Republicano Paulista e de abalar sua posição de hegemonia, que já

durava cerca de trinta e cinco anos. Uma ala mais avançada, ou mais ambiciosa, do Partido Democrático, tentou obter, sem êxito, a adesão dos antigos tenentes, admitindo mesmo a possibilidade de um acordo com Luiz Carlos Prestes, que se achava exilado na Argentina e que viria a ser, poucos anos depois, o chefe do Partido Comunista Brasileiro. Já em 1927 o Partido Democrático elege três deputados federais, afirmando que teria uma bancada muito maior se não houvesse fraude eleitoral. Em outubro de 1928 realizam-se eleições estaduais e tanto o partido da dissidência burguesa quanto as organizações operárias buscam o apoio do eleitorado atacando aberta e violentamente o governo. A Força Pública do Estado, por determinação do então Presidente do Estado Júlio Prestes, entra novamente em ação como instrumento político, dissolvendo comícios, efetuando prisões, impedindo passeatas, utilizando, enfim, todos os meios de coação armada para impedir o êxito eleitoral dos adversários do governo. Realizadas as eleições, com largo emprego de violências e de fraudes, o governo sai vencedor, graças, em grande parte, ao apoio da Força Pública. Mas as bases políticas estavam definitivamente minadas, e o uso da força, sem que houvesse siquer um pretexto de interesse público, seria insuficiente para manter no poder o grupo dominante.

6. *1930 a 1937: A Busca de Novos Padrões*

24. O ano de 1930 assinala, verdadeiramente, o começo da implantação de um sistema brasileiro de governo no Brasil. O erro de ter mantido a monarquia absoluta, à moda portuguesa, depois da independência política formal, em 1822, custaria um alto preço, que ainda está sendo pago, exigindo uma longa fase de

elaboração para definitivo rompimento com o sistema semifeudal do século XIX. Mas 1930, como já se pode reconhecer, foi um divisor de águas na história brasileira.

Aliando-se às lideranças de Minas Gerais e do Rio Grande do Sul, e às dissidências do norte e do nordeste do país, todas ansiosas por se livrarem do controle do Partido Republicano, a dissidência paulista apoia e estimula um movimento armado para a derrubada do Presidente Washington Luiz. Desencadeada a ofensiva no dia 3 de outubro de 1930, verifica-se que somente as guarnições federais de São Paulo, Rio de Janeiro, Bahia e Pará permanecem fiéis ao Presidente da República. Ensaia-se, então, uma frente de resistência armada em São Paulo, onde o Governador tinha a seu serviço a mais bem organizada milícia estadual brasileira. O governo paulista procura utilizar o fator emocional para motivar a tropa da Força Pública e nas "ordens do dia" dos comandantes dos batalhões afirma-se que em Minas Gerais e outros Estados verificava-se um movimento sedicioso "visando a invasão de São Paulo".

É bem demonstrativa dessa orientação a seguinte Ordem do Dia do Comandante do 6º Batalhão de Infantaria, tenente-coronel Juvenal de Campos Castro: "À noite de três do corrente (outubro de 1930), tendo-se verificado a existência de um movimento sedicioso, no Estado de Minas Gerais e outros, visando uma invasão do Estado de São Paulo, esta Força, por determinação do governo deste Estado, teve ordem para mobilizar e conservar-se de rigorosa prontidão, a fim de, em cooperação com tropas do Exército, impedir a invasão e defender o governo legalmente constituído. Essa ordem foi desde logo posta em execução, procedendo-se à concentração de todos os elementos da Força. As corporações localizadas nesta Capital devem ser agrupadas nos quartéis respectivos e as do interior do Estado nas suas respectivas sedes" (Esse documento e outros dados sobre a atitude da Força Pública durante a insurreição de 1930, que levou à queda do Presidente Washington Luiz, encontram-se na obra do capitão Luiz Sebastião Malvásio, já referida, às páginas 111 e seguintes).

Preparando-se para essa emergência, o Presidente do Estado, Júlio Prestes, concedera recursos até para que a Força Pública ampliasse sua Escola de Aviação, criando mesmo uma Esquadrilha de Aviação e adquirindo, nos Estados Unidos da América, seis modernos aviões, com autonomia de vôo de quatro horas e vinte minutos. Quando se teve notícia de que a chefia do movimento insurrecional fora entregue a Getúlio Vargas, que marcharia do Rio Grande do Sul para o Rio de Janeiro a fim de tomar o poder, todo o dispositivo de resistência de São Paulo foi concentrado no sul do Estado, que seria passagem obrigatória de Vargas, esperando-se que fosse travada na localidade de Itararé, na divisa com o Paraná, uma grande batalha, decisiva para os destinos brasileiros.

Mas a batalha de Itararé nunca foi realizada, poupando-se, certamente, muitas vidas jovens, que os grupos políticos em conflito não vacilariam em sacrificar para defesa de seus interesses. Resistindo quanto foi razoável, Washington Luiz, mantendo grande dignidade, deixou a presidência da República no dia 24 de outubro, rumando para o exílio, de onde só voltaria depois da queda de Getúlio Vargas, quinze anos depois. Estava encerrada a Primeira República e se definia claramente a transição da fase de economia agrária para a industrial, acelerando-se a preparação do Brasil para a conquista de sua efetiva independência.

25. A impossibilidade de resistir ao movimento antigovernista, que lhe fora apresentado em cores emocionais, como contrário à lei e a São Paulo, deixou na Força Pública um amargo sentimento de frustração, que se tornou mais agudo com a designação de um interventor militar federal para governar o Estado de São Paulo. Desejando conquistar a confiança da burguesia paulista, o interventor procura reprimir o movimento operário utilizando a Força Pública para dissolver, brutalmente, comícios, greves e outras manifestações. Isto agrava ainda mais a situação, pois a oficialidade não se conforma em ver seus batalhões utilizados como arma política, a serviço dos inimigos da véspera. E já em fins de 1930 tem-se notícia da preparação de uma revolta armada, tentando-se atrair para o grupo o general Izidoro Dias Lopes, que chefiara a insurreição de 1924 e poucos anos mais tarde voltara a São Paulo como Comandante da Região Militar. Tendo notícia dessa movimentação dos oficiais, o interventor João Alberto muda o comandante da Força Pública e designa o general Góes Monteiro para a chefia da Região Militar de São Paulo, em lugar de Izidoro. Assim, em maio de 1931 estava controlada a situação. Era, porém, mais uma frustração que iria influir na fermentação política.

Com efeito, a dissidência da burguesia paulista, que auxiliara o acesso de Getúlio Vargas ao poder, não se impressionava com a ação antioperária, sentindo-se traída porque contava como certo que teria o governo do Estado após a queda do Partido Republicano. Esse conjunto de frustrações determinou a momentânea superação das divergências entre as diversas lideranças estaduais. Recorrendo, uma vez mais, ao fator emocional, procurou-se motivar toda a população do Estado, para um movimento de grande envergadura. Explorando a circunstância de estar sendo governado São Paulo por um interventor militar e originário de outro Estado, lançou-se uma campanha exigindo que o governo fosse entregue a um "civil e paulista". A par disso, começou-se a exigir um governo constitucional para o Brasil. Aliados, assim, todos os grupos políticos de prestígio no Estado, inclusive o Partido Republicano Paulista e os burgueses dissidentes que haviam promovido a queda desse partido; envolvida a população, através do apelo às suas tradições de altivez e de coragem cívica; e atraída, sem dificuldade, a Força Pública do Estado, ocorreu verdadeira explosão político-militar no dia 9 de julho de 1932. O então interventor em São Paulo, Pedro de Toledo — que já era um civil e paulista —, homem idoso, sem muita energia e sem qualidades de líder, só tinha dois caminhos a seguir: ou aderia à revolta ou seria deposto e provavelmente preso. Optando pela adesão, com o apoio unânime de seu secretariado, Pedro de Toledo declarou que não acataria mais as determinações do governo ditatorial de Getúlio Vargas. Comprovando seu alto nível de organização e treinamento, a Força Pública do Estado desenvolveu ações de guerra de grande envergadura, ocupando, rapidamente, pontos estratégicos do Estado de São Paulo, utilizando várias armas, inclusive aviação, assumindo as características de verdadeiro exército. Empolgados pelo ambiente de grande exaltação cívica e entusiasmados com as demonstrações de eficiência da Força Pública, os civis aderiram amplamente ao movimento. Indústrias foram rapidamente adaptadas para o fabrico de armas, munições e demais materiais de guerra. Surgiram, da noite para o dia, carros de assalto, trens blindados e, o que teve maior importância, muitos batalhões de voluntários, apoiados por organizações femininas que cuidavam da preparação de roupas, alimentos, medicamentos de emergência e tudo o mais que fosse necessário para auxiliar os combatentes. O governo paulista recorreu a empréstimos públicos de emergência e emitiu sua própria moeda, procurando complementar os recursos que, em grande parte, provinham de doações espontâneas da população. "São Paulo estava em guerra e teria que vencer ou cair com honra!"

26. Para fazer frente a essa poderosa oposição armada, num Estado cuja contribuição era essencial para a estabilidade econômica do país, Getúlio Vargas mobilizou, praticamente, todo o resto do Brasil, com exceção de Mato Grosso, cuja guarnição federal aderiu a São Paulo. Não foi difícil essa mobilização, uma vez que as lideranças de muitos Estados já vinham sustentando que o acúmulo de riqueza em São Paulo é que determinava o atraso das outras regiões. Enfatizando esse argumento, passou-se a apresentar como *separatista* o movimento dos paulistas, dizendo-se que São Paulo queria separar-se do Brasil, abandonando à própria sorte os demais Estados, muitos dos quais dificilmente poderiam sobreviver sozinhos. Certamente havia pessoas ou grupos que, em face das circunstâncias, manifestavam sua preferência pelo desligamento de São Paulo do resto do Brasil, especialmente depois que muitos jovens paulistas foram mortos ou feridos por brasileiros de outros Estados, mas a tônica do movimento nunca foi o separatismo.

Afinal, depois de uma resistência verdadeiramente heróica, a situação de São Paulo se tornou insustentável nos primeiros dias de outubro. Os fatos são ainda muito recentes e por isso muita coisa permanece obscura, pois os que participaram do comando do movimento apreciam-no com inevitável paixão, fazendo-se acusações que até agora não estão indiscutivelmente comprovadas. As acusações mais pesadas são dirigidas ao coronel Herculano de Carvalho, que comandou a Força Pública na última fase do movimento, depois de ter morrido em acidente, numa demonstração de novos armamentos, o coronel Marcondes Salgado, que comandava a milícia ao eclodir a insurreição. Para os que acusam, a suspensão da remessa de roupas, de cobertores, de alimentos e de munições para os combatentes, a par da desorganização que esfacelou a resistência no começo de outubro, tudo isso foi obra de sabotagem, ordenada e dirigida pelo coronel Herculano de Carvalho, culminando sua traição à causa paulista no dia 9 de outubro, quando o próprio Comandante da Força Pública foi ao palácio do governo e efetuou a prisão do chefe do governo paulista, Pedro de Toledo. Na versão de Herculano de Carvalho, as falhas verificadas no final do movimento foram conseqüência da exaustão de São Paulo, que se empenhara dia e noite, desde 9 de julho, num esforço sobre-humano. Assim, disse o coronel, para evitar um sacrifício inútil, uma vez que a continuação da luta representaria o massacre dos paulistas, inferiorizados em homens e em recursos materiais, foi preferível a suspensão das ações armadas. Segundo Herculano de Carvalho, foi essa a razão pela qual partiu da própria Força Pública a deposição dos líderes políticos da insurreição.

27. A partir de 1932 começa a declinar a influência da milícia paulista como instrumento político do Estado no quadro da federação brasileira. É interessante assinalar que, mesmo para efeitos oficiais, considera-se a participação da Força Pública do Estado de São Paulo na "Revolução Constitucionalista" de 1932 o seu último grande feito. Uma comprovação disso está no próprio brazão de armas da Força Pública, instituído pelo decreto nº 34.244, de 15 de novembro de 1958, do governo do Estado de São Paulo. Constam do brazão dezesseis estrelas, representativas dos feitos históricos da milícia, os quais, segundo o próprio decreto, são os seguintes: 1º. 1831, criação da milícia; 2º. 1842, apoio à sufocação da "Revolução Liberal" de Sorocaba; 3º. 1866, participação na "Retirada da Laguna", importante episódio da guerra entre Brasil e Paraguai; 4º. 1867, participação em combates na guerra do Paraguai; 5º 1893, apoio à sufocação da "Revolução Federalista", no Paraná; 6º. 1896, ação decisiva para manutenção da ordem durante o conflito interno denominado "Luta dos Protocolos", em São Paulo (conflito ocasionado pela reação dos estudantes da Faculdade de Direito de São Paulo contra o pagamento de indenizações a súditos italianos prejudicados pela "Revolução Federalista", ocorrendo choques entre brasileiros e italianos nas ruas de São Paulo); 7º. 1897, participação na "Guerra de Canudos"; 8º. 1904, auxílio à manutenção da ordem do Rio de Janeiro, por ocasião da revolta popular contra a vacina obrigatória; 9º. 1910, ocupação de posições estratégicas e manutenção da ordem quando da "Revolta da Armada", verificada no Rio de Janeiro; 10º. 1917, auxílio decisivo ao governo do Estado para reprimir o movimento grevista de 10 de julho; 11º. 1922, colaboração com o governo federal para sufocar

um movimento de revolta militar em Mato Grosso; 12º. 1924, participação relevante na sufocação de rebeliões no Paraná, em Santa Catarina, no Rio Grande do Sul e em Mato Grosso; 13º. 1926, Campanha do Norte, representada pelo transporte de um batalhão da Força Pública, de navio, até o Ceará, para auxiliar no combate à *Coluna Prestes* e aos remanescentes da revolta de 1924; 14º. 1926, Campanha de Goiás, em perseguição a remanescentes da revolta de 1924; 15º. 1930, participação na revolta de Outubro, que pôs fim à Primeira República; 16º. 1932, atuação destacada na "Revolução Constitucionalista".

28. Em 10 de outubro de 1932 assume o governo de São Paulo, com o título de Governador Militar do Estado, o general Waldomiro Lima, que em sucessivas medidas foi eliminando alguns setores militarmente importantes da Força Pública, como o Serviço de Material Bélico. Assim foi sendo reduzida, mais com habilidade do que com medidas de força, a característica político-militar da corporação. Dentro dessa orientação, foi muito reduzido o número de oficiais punidos por terem participado do movimento insurrecional, o que possibilitou a permanência do governador militar em São Paulo, até 26 de julho de 1933, praticamente sem resistências. Entretanto, a população do Estado, que passara a nutrir um sentimento de profunda hostilidade à Força Pública depois da traição — como era opinião da maioria — do coronel Herculano de Carvalho, via nessa benevolência do governador militar a prova do conluio.

Afinal, depois de um breve período em que São Paulo teve um interventor federal interino, que foi o general Daltro Filho, veio um civil e paulista, Armando de Salles Oliveira, como interventor federal, assumindo as funções em agosto de 1933. Homem ligado ao grupo da dissidência que fundara o Partido Democrático em 1926, Armando Salles estava entre os que preferiam soluções eleitorais na luta pelo poder. Gozando de prestígio entre as várias correntes políticas do Estado, adotou uma orientação conciliatória, procurando reduzir as áreas de atrito entre São Paulo e o governo federal. Interventor nomeado pela ditadura, tomou posição aberta pela reconstitucionalização do país. Além disso, para tornar claro que sua posição de interventor federal não significava uma traição a São Paulo, sempre se referiu à insurreição de 1932 como um movimento patriótico. Com esses objetivos e buscando também um bom relacionamento com a milícia, revogou punições que haviam sido impostas aos componentes da Força Pública por haverem participado do movimento de 1932, além de rever o regulamento da corporação, eliminando dispositivos que previam punições excessivamente severas.

29. Ou por não ter força para resistir às pressões em favor da restauração constitucional, ou talvez por estar seguro de que mesmo num regime constitucional não perderia o comando político, Getúlio Vargas promoveu eleições gerais, em nível federal e estadual, no ano de 1933.

Instalada a Constituinte Federal e eleita a Assembléia Legislativa do Estado, decidiu-se que o próximo Presidente da República, bem como os próximos governadores dos Estados, seriam eleitos pelos respectivos legislativos. Previa-se, evidentemente, a eleição de Getúlio Vargas para a presidência, como se previa também a eleição de Armando de Salles Oliveira para governador de São Paulo, o que de fato ocorreu, em abril de 1935. É importante ressaltar que o primeiro decreto assinado por ele já como governador, em 12 de abril de 1935, criava uma Polícia Especial, subordinada à Delegacia de Ordem Política e Social. Isto significava que a polícia política ficaria a cargo da polícia civil, que desde então foi sendo cada vez mais aperfeiçoada para cumprir essa função. Em conseqüência, foi-se reduzindo a significação política da polícia militar, o que, aliás, coincidia com os desejos do governo federal.

Nos anos seguintes — restante de 1935 e ano de 1936 — registram-se agitações políticas de certa gravidade, com duas facções extremistas, o Partido Comunista e a Ação Integralista, tentando preencher o vazio deixado pela queda das oligarquias de base agrária. Em muitas cidades os manifestantes de ambos os grupos chegaram a travar lutas em plena rua, inclusive com a utilização de armas. E nesse ambiente a atuação da Força Pública foi muito discreta, agindo apenas para manutenção da ordem e na condição de auxiliar da polícia civil.

Tal situação perdurou até o fim do ano de 1936, quando Armando de Salles Oliveira deixou o governo do Estado de São Paulo para se candidatar à presidência da República, sendo substituído por Cardoso de Mello Neto, também eleito pela Assembléia Legislativa, para completar o período de mandato. É interessante assinalar que nesse período, que vai do início de 1934 até o final de 1936, a despesa do Estado com a Força Pública não sofreu redução. Entretanto, o efetivo foi sendo gradativamente reduzido, caindo de 9.000 homens, a que chegara em dezembro de 1931, para 6.214, que foi o número fixado por Armando Salles em 1.º de dezembro de 1936. A despesa permaneceu alta porque foram introduzidas melhorias nos quartéis, visando torná-los mais confortáveis, criando-se também novos tipos de uniformes e ampliando-se os cursos ministrados pela Força, além de se melhorar o padrão de vencimentos dos oficias e praças. Melhorava-se em vários sentidos a milícia, ao mesmo tempo em que se reduzia o seu papel como instrumento político.

7. *O Silêncio da Força Pública: Sinal Verde Para o Estado Novo*

30. O ano de 1937, que assistiria ao início de novo período ditatorial de Getúlio Vargas, revela a acomodação da burguesia paulista ao governo ditatorial e, em decorrência disso, a Força Pública do Estado de São Paulo passa a desempenhar um novo papel. Com efeito, iniciada a campanha para a escolha do novo Presidente da República, Armando Salles é um dos candidatos, tendo como concorrente José Américo de Almeida, da Paraíba, que nos seus discursos insiste na excessiva riqueza de São Paulo em contraste com a pobreza da maior parte dos Estados brasileiros. Isso já vai criando animosidades, agravando-se ainda a situação pela ocorrência de violentos conflitos entre comunistas e integralistas, ambos habilmente manobrados por Getúlio Vargas. Já no fim de outubro de 1937 começam a surgir boatos sobre um iminente golpe de Vargas, para restauração da ditadura. O que se passou então, nos bastidores políticos de São Paulo, é muito obscuro, mas há bons indícios para uma interpretação dos fatos. Em 13 de janeiro de 1937, o governador Cardoso de Mello Neto fixara o efetivo da Força Pública em 13.275 homens, o que demonstra muito claramente que havia a intenção de fortalecê-la, com o

objetivo de utilizá-la como arma política, uma vez que menos de dois meses antes, em 1.º de dezembro de 1936, fora estabelecido o efetivo de 6.214 homens. É bem provável que a intenção tenha sido a de demonstrar que o candidato Armando Salles contava com uma retaguarda armada, para que fossem desencorajadas as tentativas e pressões do governo federal. Entretanto, a evolução dos acontecimentos iria, ao que tudo indica, mudar as intenções. Ainda em janeiro de 1937, enfatizando o perigo de uma revolução comunista, o general Góes Monteiro, como emissário de Vargas, passa por São Paulo, a caminho do sul do país, e pede ao governador Cardoso de Mello Neto que ponha à sua disposição, para qualquer eventualidade, sete batalhões da Força Pública. E no correr do ano sucedem-se demonstrações da existência de um "perigo comunista", o que vai tornando cada vez mais assustada a burguesia paulista, especialmente os senhores de terras, que já não detinham o poder político e por isso temiam pela segurança de seu patrimônio.

Em 19 de outubro várias milícias estaduais, entre elas a de São Paulo, são incorporadas ao Exército Nacional. O grupo que promovia a candidatura de Armando Salles pressente que o golpe, do qual já desconfiavam desde o ano anterior, deve estar próximo. O próprio candidato publica uma declaração agressiva, afirmando que os Estados não iriam receber passivamente a tentativa de subverter o processo democrático. Logo em seguida, porém, o governador de São Paulo envia um telegrama a Getúlio Vargas, dizendo que não apoiava as declarações de Armando Salles.

Isso equivalia a uma expressa manifestação da intenção de não utilizar a Força Pública do Estado de São

Paulo para impedir ou dificultar a implantação de nova ditadura. E foi exatamente o que ocorreu.

31. Em 10 de novembro de 1937, o Presidente da República, "com o apoio das forças armadas e cedendo às inspirações da opinião nacional", segundo suas palavras, sem que houvesse qualquer resistência dos Estados, "resolve assegurar à Nação a sua unidade, o respeito à sua honra e à sua independência, e ao povo brasileiro, sob um regime de paz política e social, as condições necessárias à sua segurança, ao seu bem-estar e à sua prosperidade". E declara revogada a Constituição de 1934, impondo por decreto uma nova, que jamais seria posta em vigor, embora fosse invocada sempre que conveniente ao ditador, instalando-se desse modo o regime ditatorial que iria perdurar até 1945. Um deputado da época, referindo-se à sua própria reação quando recebeu em sua fazenda a notícia do golpe de Vargas, assim se expressou: "Tive uma grande sensação de alívio. Perdia meu mandato de deputado mas adquiria a certeza de que não perderia minhas terras".

Como tem ocorrido sempre que se instala uma nova ditadura na América Latina, também em 1937 foram alegadas razões de segurança, usando-se como pretexto a necessidade de um governo forte para proteger as liberdades individuais. É o paradoxo que se tem repetido sempre: sufoca-se a liberdade para proteger a liberdade. Além disso, como também se tornou hábito, os que estavam tomando o poder pela força e passavam a agir arbitrariamente alegaram que atendiam a um desejo do povo. E partir daí tudo passa a ser resolvido pela oligarquia todo-poderosa, sem qualquer consideração pela vontade do povo. As expressões referidas acima entre aspas são do preâmbulo da Carta Constitucional de 1937 e, com pequenas modificações, são iguais às que procuraram justificar documentos semelhantes, produzidos em outras épocas, antes e depois de 1937.

Decretado o Estado Novo, como pomposamente se auto-denominou a ditadura Vargas, Cardoso de Mello Neto foi mantido como governador de São Paulo até 25 de novembro de 1937, passando, a partir de 26 de novembro desse mesmo ano, a governar o Estado como interventor federal, nomeado por Getúlio Vargas, o que confirma que ele se compusera com o ditador.

No próprio dia 26 de novembro, Cardoso de Mello Neto determina que se aplique à Força Pública do Estado o regulamento disciplinar do Exército Brasileiro, e no dia 29 decreta a subordinação direta da Força ao interventor federal. E nao houve a repetição de 1932.

8. *A Força Pública do Estado de São Paulo Como Órgão Auxiliar do Estado Novo*

32. A partir da implantação do Estado Novo, a federação brasileira cede a um movimento no sentido de forte centralização político-administrativa. Em 2 de dezembro de 1937 são queimadas, em ato público e solene, todas as bandeiras estaduais, para simbolizar, segundo a explicação do governo ditatorial, a união de todos os brasileiros sob uma só bandeira.

A Força Pública paulista passaria a atuar, nesse novo contexto, como força auxiliar do governo federal, para impedir ou reprimir os movimentos organizados contra a ditadura. Na verdade, embora a repressão tenha atingido, inúmeras vezes, um alto grau de violência, com a utilização da cavalaria da Força Pública contra manifestantes desarmados, chegando-se mesmo a abrir fogo contra a multidão, não foram muitos aqueles movimentos. A maior resistência à ditadura de Vargas registrou-se entre os estudantes da Faculdade de Direito de São Paulo, cuja organização, o Centro Acadêmico XI de Agosto, várias vezes teve sua sede invadida por soldados da Força Pública, que, a cavalo e de sabre em punho, vasculhavam salas e corredores à procura de subversivos.

Os mentores intelectuais da resistência, entretanto, estavam fora do poder e não tinham qualquer influência que lhes permitisse tentar o uso da força. Eram eles os componentes do grupo que, a partir de 1926, mudara várias vezes de posição em face dos demais grupos políticos: de 1926 a 1930 auxiliara na derrubada do Partido Republicano e na conseqüente ascensão de Getúlio Vargas; depois de 1930, frustrado no seu intento de assumir o poder, uniu-se ao Partido Republicano contra Vargas; em 1934, reconciliado com Vargas, consegue o governo de São Paulo, indicando Armando Salles para interventor e obtendo, em eleição indireta, que ele próprio passasse a governador do Estado; em 1937, aspirando à presidência da República através do próprio Armando Salles de Oliveira, encontra a resistência de Getúlio Vargas e volta-se novamente contra ele.

Só em 1945, somando-se vários fatores, entre os quais algumas conseqüências da Segunda Guerra Mundial, é que se tornaria possível a derrubada da ditadura. Durante o período ditatorial os interventores federais em São Paulo — Cardoso de Mello Neto, Adhemar de Barros e Fernando Costa — foram fiéis ao governo central e nunca pensaram em utilizar contra ele a milícia estadual. Ao contrário disso, em 17 de junho de 1942 Fernando Costa decretou a criação de Guardas Policiais, que deveriam substituir os destacamentos da Força Pública do Estado nos Municípios paulistas, exceto nas cidades de São Paulo, Santos, Campinas e Ribeirão Preto. Essas guardas, comandadas por oficiais ou graduados da Força Pública, seriam subordinadas ao Secretário da Segurança Pública e, em cada localidade, receberiam ordens dos delegados de polícia, que eram policiais civis. Houve resistência da Força Pública do Estado a esse tipo de organização e, para evitar o perigo de uma reação, essas guardas policiais, que teriam significado o esfacelamento da milícia estadual, não se instalaram. Essa tentativa do interventor federal em São Paulo foi apenas uma das muitas tentativas do governo federal, desde o ano de 1930, visando desmilitarizar as polícias estaduais.

Mantida a unidade da Força Pública do Estado e preservado o seu caráter militar, ela continuou a ser utilizada para reprimir movimentos políticos contrários à ditadura, como ocorreu no ano de 1943, na cidade de São Paulo, quando estudantes da Faculdade de Direito foram feridos a bala, no largo de São Francisco, em frente à escola. Entretanto, quando chegou ao fim a ditadura Vargas, em outubro de 1945, a Força Pública de São Paulo permaneceu inerte, aguardando pacificamente a consolidação de nova ordem constitucional.

9. *O Caminho Para a Federalização da Força Pública*

33. Depois da queda de Getúlio Vargas, e até que se completasse a restauração da ordem constitucional no

Brasil, o governo provisório designou para interventor federal em São Paulo José Carlos de Macedo Soares, que representara o Brasil nas reuniões da Sociedade das Nações e que mantivera em relação à ditadura Vargas uma atitude discreta e indefinida, não sendo, por isso, marcadamente favorável ou contrário. É interessante assinalar que Macedo Soares foi dos que mais concederam benefícios aos oficiais e praças da Força Pública do Estado, talvez com a intenção de mantê-los pacíficos e fiéis ao seu comando. E, de fato, a Força manteve-se pacificada, assim continuando depois de 1947, com a eleição de Adhemar de Barros para governador de São Paulo. Durante os governos que se sucederam — Lucas Nogueira Garcez, Jânio Quadros e Carvalho Pinto — a Força foi aumentando moderadamente seu efetivo, cuidando-se mais do aperfeiçoamento intelectual de seus integrantes e de seu treinamento para atuar como auxiliar da polícia administrativa e judiciária. Nem mesmo por ocasião do suicídio de Getúlio Vargas, em agosto de 1954, houve participação marcante da milícia na repressão de movimentos políticos. Uma única exceção verificou-se nessa fase, durante a permanência de Jânio Quadros como governador de São Paulo, no fim do ano de 1955.

34. Sendo eleito Juscelino Kubitschek para o próximo período presidencial, os grupos políticos que haviam participado mais intensamente da derrubada de Vargas tentaram promover um movimento no sentido de impedir a posse do presidente eleito. É oportuno assinalar que os mais extremados adversários da posse de Kubitschek eram os mesmos que, em 1930, haviam colaborado na derrubada de Washington Luiz sem conseguir seu intento de assumir o governo do país. Esta mesma intenção os

levara a colaborar na destituição de Getúlio Vargas em 1945 e no desencadeamento do processo que levaria ao seu suicídio em 1954. E mais uma vez viram frustrada sua intenção de chegar ao governo, com a agravante de que viam retornar em posições de relevo muitos dos antigos adeptos e auxiliares de Vargas, que haviam apoiado a candidatura de Juscelino Kubitschek.

Num ambiente de instabilidade política resultante das ameaças à posse do presidente eleito, uma ala poderosa do Exército, chefiada pelo general Henrique Teixeira Lott, forçou a destituição do presidente em exercício, que era o vice-presidente Café Filho, e de seu sucessor constitucional, Carlos Luz, presidente da Câmara de Deputados. Entregue a presidência a Nereu Ramos, presidente do Senado, este conseguiu controlar a situação contando com o apoio militar, assegurando a posse de Juscelino Kubitschek. Mas durante o governo Café Filho e até a primeira metade do período de Kubitschek, houve inúmeros momentos de agitação política, principalmente em São Paulo.

Revoltados com o suicídio de Getúlio Vargas, assunto que foi largamente explorado na campanha eleitoral subseqüente, os operários de São Paulo desencadearam vários movimentos de protesto. Estimulados, depois, pela ascensão de João Goulart, líder trabalhista e afilhado de Vargas, à vice-presidência da República, como companheiro de chapa de Kubitschek, os trabalhadores lançaram-se em sucessivos movimentos de reivindicação, de grande envergadura, realizando greves e passeatas que paralisaram São Paulo e criaram um clima de apreensões para os industriais, banqueiros e grandes comerciantes. O governador Jânio Quadros, que vinha fazendo sua carreira política apoiado nos operários, omitiu-se a princípio.

Mas sob pressão das classes empresariais e ameaçado com a intervenção federal em São Paulo, mudou sua orientação. A Força Pública, especialmente a cavalaria, foi lançada contra os manifestantes com extrema violência, dominando em poucas horas a situação. Sob esse clima de tensão Jânio Quadros aumentou o efetivo da Força Pública bruscamente, passando de 13.705 para 18.000 homens, dando a impressão, aos observadores políticos, de que pretendia preparar em São Paulo um núcleo de resistência contra eventuais investidas do governo federal. Tudo, entretanto, voltou ao normal sem maiores conseqüências. Durante o governo Carvalho Pinto registraram-se alguns sinais de inquietação na Força Pública, correndo rumores insistentes de um começo de revolta, que não chegou ao noticiário dos jornais. Mas, segundo o depoimento de pessoas mais chegadas aos acontecimentos, tudo se resumiria em descontentamento pelo baixo nível de remuneração, agravando-se a situação pela aceleração do processo inflacionário que atingia o Brasil.

35. No ano de 1963, tendo sido eleito novamente Adhemar de Barros para governador de São Paulo, percebem-se logo os sinais de uma crise de excepcional gravidade. Estando na presidência da República, em conseqüência da renúncia de Jânio Quadros, João Goulart, em quem as classes empresariais e a maioria dos militares não confiavam, o governador paulista começa a tomar atitudes de franca hostilidade ao presidente da República. Surge, então, em São Paulo, uma organização paramilitar, cujos membros usavam armas e andavam fardados pelas ruas, havendo indícios de um relacionamento bastante estreito entre esses homens e o governador do Estado. As forças armadas decidem investigar a organização

e ela desaparece, sem maiores explicações. Em 6 de dezembro de 1963 é a Força Pública Estadual que tem seu efetivo acrescido de mais 10.000 homens, além de receber recursos financeiros excepcionais. A par disso, os oficiais e praças recebem aumento de vencimentos em nível acentuadamente superior ao concedido aos servidores civis do Estado.

Afinal, em 1.º de abril de 1964, em pleno processo da deposição do presidente João Goulart, a Força Pública volta a desempenhar um papel decisivo. Desde o ano anterior os seus homens vinham recebendo um treinamento especial, preparando-se, inclusive, para combates nas selvas. Apesar do segredo em que se desenvolviam essas atividades elas chegaram ao conhecimento do governo federal, circulando, em mais de uma oportunidade, rumores de uma intervenção do Exército na Força Pública do Estado de São Paulo. Tudo isso motivara os seus componentes, os quais, desde as primeiras notícias do movimento de tropas contra João Goulart, prepararam-se para um confronto armado, caso alguma parte do Exército saísse em defesa de Goulart. O comandante do II Exército, sediado em São Paulo, general Amaury Kruel, custou a definir-se em face do movimento armado. Entretanto, tendo em vista o rumo geral dos acontecimentos, mas, além disso, conhecendo o poderio e a disposição da Força Pública do Estado de São Paulo, concluiu que só lhe restava aderir ao movimento, como de fato aderiu, evitando-se o confronto.

Segundo informa o capitão Luiz Sebastião Malvásio (ob. cit., págs. 133 e 134), desde 1963 a Força Pública do Estado vinha aprimorando sua preparação militar. Isto porque, em face dos desentendimentos entre o presidente da República, João Goulart, e o governador paulista, Adhemar de Barros, este se preparava para uma ação armada contra o governo federal. A partir de então a Força Pública passou a fazer exercícios de sobrevivência na selva, iniciando-se a seleção e o preparo de soldados para missões especiais, incluindo preparo físico e psicológico mais rigorosos. E como o presidente da República se apoiava, sobretudo, em organizações operárias, a Força Pública, especialmente através da cavalaria, começou a reprimir com toda a violência os movimentos grevistas e outras manifestações dos trabalhadores que pudessem ter efeitos políticos. Por causa dessa atuação começou-se a falar insistentemente numa intervenção federal na milícia, o que levou os seus comandos a mantê-la permanentemente preparada para qualquer emergência de maior envergadura, estando já totalmente pronto um plano de ação, quando os acontecimentos mudaram de rumo e forças do Exército tomaram a iniciativa da derrubada de Goulart. E deixando patente que a milícia estava preparada para obedecer ao comando do governador do Estado, antes mesmo de saber qual a posição das unidades do Exército sediadas em São Paulo, informa o mesmo autor, que participou dos acontecimentos: "Antes mesmo da atitude do Comandante do II Exército a favor do movimento, e da comunicação do Comandante da Força Pública, que punha a milícia bandeirante à disposição do II Exército, já a Companhia de Guarda estava alerta e preparada para a defesa do último reduto do Executivo paulista. Vigiou a Unidade toda a noite de 31 de março e todos os dias e noites que se seguiram, recebendo notícias vindas através de rádio e pela imprensa do Palácio, sempre ao lado do governador do Estado" (ob. cit., pág. 129).

36. Pouco tempo depois da deposição de Goulart, o próprio Adhemar de Barros entrou em conflito com o governo federal, à cuja frente fora colocado o marechal Castelo Branco. Várias vezes correram em São Paulo rumores insistentes sobre a cassação do mandato do governador paulista, falando-se, mais ou menos abertamente, que só não ocorria isso porque a Força Pública estava disposta a defendê-lo em qualquer circunstância. Mas com tudo isso, talvez conhecendo a real disposição da milícia e sabendo que apenas uma pequena parte da oficialidade se dispunha a resistir, Castelo Branco decretou a perda do mandato e a suspensão dos direitos políticos de Adhemar de Barros, tudo se consumando pacificamente. Seu sucessor, o vice-governador Laudo Natel, procurou desde logo manter boas relações com a Força Pública, aumentando seu efetivo para quase 36.000 homens e melhorando seus padroes de vencimentos. Estabeleceu-se, também, a praxe de entregar o comando da milícia a um oficial do Exército brasileiro, situação esta que perdurou depois que Laudo Natel foi sucedido por Abreu Sodré, escolhido pela Assembléia Legislativa do Estado para a chefia do Executivo estadual.

37. Com o advento de nova Constituição brasileira, em 1967, o governo do Estado, ao proceder à adaptação da Constituição estadual, tentou unificar as polícias civil e militar sob um comando único, para evitar conflitos que se vinham tornando comuns ultimamente. De fato, junto a todas as Delegacias de Polícia, encarregadas do policiamento ordinário, encontrava-se um destacamento da Força Pública. Este se encarregava dos trabalhos mais árduos do policiamento, tais como a prisão de delinqüentes e a manutenção da ordem em lugares públicos, dando

apoio também às diligências levadas a efeito por determinação do delegado de polícia, que no Estado de São Paulo é autoridade civil, com o grau de bacharel em Direito. O que ocorreu inúmeras vezes foi que os homens da Força Pública, alegando sua condição de militares e argumentando com a falta de preparo do delegado de polícia para exercer um comando adequado ao treinamento militar que haviam recebido, recusaram-se a cumprir ordens recebidas. O delegado de polícia, por sua vez, insistia em que se mantivesse sua condição de autoridade policial máxima na circunscrição, pois além de ser bacharel em Direito havia feito cursos especiais sobre técnica policial e, o que era mais importante, cabia-lhe a responsabilidade principal pelas atividades de policiamento. Com efeito, os destacamentos da Força Pública eram legalmente considerados auxiliares e não punham dúvidas quanto a esse aspecto, discordando apenas de ficarem sob o comando de um civil. Parecia-lhes mais razoável que, mesmo atuando como força auxiliar, ficassem sob o comando de um policial militar, a quem deveriam competir as decisões sobre os métodos de ação dos destacamentos e sobre a disciplina de seus integrantes. Por outro lado, entretanto, temia-se que a dualidade de orientações — a do chefe civil e a do comandante militar — reduzisse a eficiência da polícia. Foi por tais razões que se tentou a unificação do organismo policial, sem que se chegasse, porém, a uma solução, sobretudo porque, antes de tudo, a milícia não queria perder sua autonomia.

Tal situação perdurou, apesar dos inconvenientes de ordem prática, até julho de 1969, pois no âmbito estadual não fora possível encontrar-se uma solução viável e, então, o governo central da República interferiu diretamente no assunto. Na realidade, embora houvesse a situação de conflito que acaba de ser referida, a interferência do governo federal, que alterou substancialmente a situação das milícias estaduais, teve outros motivos. Seu principal objetivo foi o estabelecimento de obstáculos a qualquer eventual tentativa de utilização das polícias militares como armas políticas dos Estados.

10. *O Fim do Pequeno Exército Paulista*

38. Em 2 de julho de 1969, por meio do decreto-lei número 667, o governo federal colocou todas as polícias militares sob o controle e a coordenação do Ministério do Exército, ficando estabelecido que, daí em diante, elas deveriam ser comandadas por um oficial superior, do serviço ativo do Exército. Admitiu-se, porém, que, em caráter excepcional e com a aquiescência do Ministério do Exército, o comando seja entregue a um oficial da própria corporação estadual.

O mesmo decreto-lei, assinado pelo então Presidente da República, marechal Costa e Silva, definiu a competência das polícias militares e estabeleceu as regras para sua organização. Quanto ao enquadramento delas no serviço policial, foi estipulado que deverão ser subordinadas ao órgão estadual responsável pela ordem pública e pela segurança interna, ou seja, o Secretário da Segurança Pública do Estado.

Apesar dessa definição, os conflitos entre policiais civis e miiltares não desapareceram, tendo sido adotadas, posteriormente, algumas providências tendentes a contorná-los, cuidando-se, especialmente, de eliminar os fatores que davam aos policiais militares do Estado uma sensação de desprestígio. A principal queixa referia-se ao fato de serem subordinados a uma autoridade civil, que é o Secretário da Segurança Pública, pois este cargo quase sempre foi ocupado por um civil. Para contornar o problema, a Secretaria da Segurança Pública, embora continuando a ser um cargo de natureza civil, passou a ser ocupada sempre por um oficial do Exército, com patente igual à mais elevada da polícia militar estadual. Isso, entretanto, não resolveu definitivamente a questão, pois quando se der efetiva aplicação aos preceitos constitucionais que consagram o federalismo no Brasil, os governadores dos Estados terão autonomia para a escolha dos respectivos Secretários da Segurança Pública. Poderá ocorrer, então, que fatores ligados à política estadual tornem conveniente a designação de um civil para ocupar aquela Secretaria, ressurgindo o problema da submissão dos policiais militares a um civil.

O que importa assinalar, entretanto, é que o decreto-lei de Costa e Silva retirou a autonomia das milícias estaduais, neutralizando a possibilidade de sua utilização como instrumento político.

39. Complementando as disposições federais, o governador do Estado de São Paulo, Roberto de Abreu Sodré, pelo decreto-lei n.º 217, de 8 de abril de 1970, decretou a extinção da Força Pública, criando, no mesmo ato, a Polícia Militar do Estado. Para deixar bem definido que não se tratava apenas de mudança na organização e no funcionamento da corporação, o artigo 2.º do decreto-lei declarou expressamente que ela se extinguia, assim dispondo: "Os atuais componentes da Força Pública, *que ora se extingue,* ficam integrados na Polícia Mi-

litar do Estado de São Paulo, nos mesmos postos e graduações de que são titulares".

Assim desapareceu, em silêncio, o pequeno exército estadual de São Paulo. Durante mais de um século ele exerceu extraordinária influência na vida paulista, atuando beneficamente na vanguarda da ação social do Estado, oferecendo a base de segurança para o desenvolvimento econômico e social e, por outro lado, atuando, inúmeras vezes, como braço armado das lideranças políticas estaduais.

III. CONCLUSÃO: SEGURANÇA ECONÔMICA SEM COMANDO POLÍTICO

40. Conhecer a história, as características sócio--culturais, as peculiaridades econômicas e as atitudes políticas de São Paulo não é suficiente para que se conheça o Brasil, pois as diversidades regionais não permitem que qualquer dos Estados da Federação seja tomado como padrão brasileiro. Por outro lado, porém, é impossível ter uma idéia, mesmo aproximada, do significado dos fatos marcantes da história brasileira, sobretudo do período republicano, sem o conhecimento da história paulista.

Como já foi assinalado, São Paulo não aparece no quadro político brasileiro com a importância que deveria corresponder à sua atual expressão econômica. Esse fato pode ser explicado pela conjugação de fatores peculiares à formação e ao desenvolvimento do Estado de São Paulo, com outros decorrentes de transformações políticas fundamentais ocorridas no conjunto que compõe o Estado brasileiro. Na realidade, houve momento em que São Paulo exerceu maior influência política, sendo importante acentuar que essa influência se caracterizou muito mais pelo cuidado de preservar a independência paulista em relação ao governo central, do que pela pretensão de assumir o governo da República, a fim de exercer dominação sobre os demais Estados brasileiros. Essa particularidade é altamente significativa, pois explica o uso que os paulistas fizeram dos instrumentos da "política armada", os quais tiveram maior importância justamente quando o governo do Estado de São Paulo quis fortalecer sua autoridade interna, no âmbito das fronteiras paulistas, ou procurou proteger-se ou livrar-se de interferências externas.

O que a história demonstra é que São Paulo começa a desenvolver seu principal instrumento de política armada, sua milícia, exatamente quando seu poder econômico adquire maior expressão, nas últimas décadas do século XIX, dando-lhe meios para resolver seus problemas com seus próprios recursos, independente da ajuda do governo central brasileiro. Após a proclamação da República e simultânea transformação do Estado brasileiro em Estado Federal, São Paulo passa a defender sua autonomia, que chega a ser quase independência. Nesse momento, a par do extraordinário desenvolvimento da economia paulista ocorre a modernização e o crescimento da Força Pública do Estado de São Paulo, elemento que se tornou decisivo para impedir intervenções federais, que nesse período foram muito freqüentes em outros Estados da Federação.

Depois de 1930, com o estabelecimento de novas condições políticas e sociais, paralelamente a novas perspectivas econômicas, prenunciando a fase de crescimento industrial, ainda irá ocorrer uma tentativa de preservação de uma ampla autonomia estadual por meio de recurso ao principal instrumento de política armada, que era a Forç Pública do Estado. Foi o que se verificou em 1932, com o movimento político-militar que se denominou Revolução Constitucionalista. A partir de então, com o desenvolvimento industrial vem a centralização política e esta é bem tolerada porque se mostra útil àquele. Os empresários industriais paulistas passam a dar maior importância ao apoio econômico do governo federal do que à autonomia política estadual. Como última conseqüência, afastam-se do centro das decisões políticas e só por via indireta, permanecendo em plano secundário, dão apoio à política armada, quando esta lhes parece necessária para preservar sua segurança econômica.

ANEXO 1: PARTICIPAÇÃO DA FORÇA PÚBLICA NA DESPESA DO ESTADO DE SÃO PAULO

Ano	Total da despesa estadual	Despesa com a Força Pública	% da despesa orçamentária com a Força Pública
1890[1]	6.243:460$000	1.928:106$500	30,88
1891[1]	6.243:460$000	1.928:106$500	30,88
1892	13.607:871$435	4.314:868$400	31,70
1893	22.125:000$000	5.593:101$500	25,27
1894	25.320:265$511	5.771:899$500	22,79
1895	33.741:531$813	5.659:899$500	16,77
1896	36.281:945$500	6.213:257$500	17,12
1897	47.217:914$845	8.369:549$900	17,72
1898	41.939:175$428	8.265:549$900	19,70
1899	39.409:225$064	7.975:420$500	20,23
1900	38.192:462$685	7.134:309$600	18,68
1901	41.633:463$825	7.671:982$000	18,42
1902	40.317:563$231	7.859:707$000	19,49
1903	39.644:557$200	7.859:707$000	19,82
1904	33.414:261$050	6.649:997$500	19,90
1905	35.099:652$843	6.462:800$000	18,41
1906	47.346:204$086	7.022:724$000	14,83
1907	54.143:183$054	7.612:424$000	14,06
1908	48.722:128$656	7.805:876$000	16,02
1909	49.164:978$050	7.795:040$000	15,85
1910	52.112:962$438	8.409:432$000	16,13
1911	58.325:671$214	9.413:128$000	16,14
1912	69.741:407$693	10.829:700$000	15,52
1913	81.905:587$155	12.219:811$000	14,91
1914	79.174:694$668	13.103:440$000	16,55
1915	74.480:499$836	12.456:200$000	16,72
1916	80.603:346$086	12.302:115$992	15,26
1917	85.786:871$720	12.302:116$000	14,34
1918	91.193:673$480	14.375:632$000	15,76
1919	95.346:340$287	14.782:055$996	15,50
1920	107.408:785$236	18.036:350$996	16,79

ANEXO 1: (Continuação)

Ano	Total da despesa estadual	Despesa com a Força Pública	% da despesa orçamentária com a Força Pública
1921	137.455:400$000	18.690:371$000	13,60
1922	152.357:337$382	18.733:190$000	12,29
1923	189.181:000$000	23.416:561$592	12,37
1924	201.511:000$000	23.413:827$996	11,61
1925	288.980:305$517	45.174:678$000	15,63
1926	324.697:670$328	45.043:732$000	13,87
1927	342.709:405$685	36.353:078$000	10,60
1928	378.237:200$000	32.374:484$000	8,55
1929	453.606:980$000	38.415:208$000	8,46
1930	495.772:019$920	38.896:891$000	7,84
1931[2]	503.842:467$866	35.987:202$400	7,14
1932	450.994:101$800	39.008:808$000	8,64
1933	541.240:568$300	32.463:132$000	5,99
1934	492.600:000$000	34.984:124$000	7,10
1935	671.971:139$300	35.369:528$000	5,26
1936	718.370:859$000	42.913:988$000	5,97
1937	749.909:858$220	46.567:849$000	6,20
1938	744.401:810$900	49.435:680$000	6,64
1939	1.020.412:593$840	55.061:340$500	5,39
1940	948.701:328$300	50.782:600$000	5,35
1941	1.016.673:022$700	52.193:600$000	5,13
1942	1.165.399:434$500	50.828:688$000	4,36
1943[3]	1 287 961 052,20	64 871 162,00	5,03
1944	1 554 164 295,50	75 198 812,00	4,83
1945	2 322 440 772,20	80 149 034,80	3,45
1946	2 575 752 038,20	108 801 902,80	4,22
1947	3 265 850 000,00	167 791 860,40	5,13
1948	5 105 946 900,00	184 431 580,00	3,61
1949	5 326 579 496,80	186 891 696,80	3,50
1950	6 023 379 552,50	210 716 024,80	3,50
1951	8 777 129 304,30	419 147 004,80	4,77
1952	10 457 534 600,00	407 878 204,80	3,90
1953	13 141 122 054,20	523 503 469,60	3,98
1954	15 057 179 400,00	505 232 751,50	3,35

Ano	Total da despesa estadual	Despesa com a Força Pública	% da despesa orçamentária com a Força Pública
1955	19 858 682 651,00	544 789 141,80	2,74
1956	25 445 029 318,00	766 178 700,00	3,01
1957	30 799 014 300,00	760 940 400,00	2,47
1958	39 649 011 000,00	1 079 086 520,00	2,72
1959	46 871 274 266,10	895 845 800,00	1,91
1960	83 336 609 000,00	1 812 402 871,00	2,27
1961	106 934 777 000,00	2 641 621 000,00	2,47
1962	161 749 678 000,00	4 625 816 510,00	2,86
1963	280 758 318 604,00	7 801 965 400,00	2,78
1964[4]	527 529 940 102,00	13 684 002 000,00	2,60
1965[5]	1 261 635 800 000,00	42 650 166 000,00	3,38
1966[6]	1 996 500 000 000,00	79 654 889 000,00	3,98
1967	3 283 184 500 000,00	120 381 551 000,00	3,66
1968[7]	4 545 465 350,00	136 254 821,00	2,97
1969	7 000 000 000,00	210 282 823,00	3,00

1. O decreto nº 50, de 28 de abril de 1890, fixou a despesa e a receita do Estado para os exercícios de 1890 e 1891.

2. Pelo decreto nº 5105, de 14 de julho de 1931, foi revisto o orçamento, pelo próprio interventor federal que o aprovara, João Alberto. Estabeleceu-se, então, que no segundo semestre de 1931 a Despesa total do Estado seria de 243 004:566$450, cabendo à Força Pública 16 834:958$000.

3. Nova moeda.

4. Concedido à Força Pública, em 29 de setembro de 1964, um crédito suplementar de Cr$ 8 657 966 837,40, e em 30 de dezembro de 1964 mais Cr$ 6 191 842 000,00.

5. Concedido à Força Pública, em 27 de outubro de 1965, um crédito suplementar de Cr$ 6 803 459 000,00.

6. Concedido à Força Pública, em 30 de agosto de 1966, um crédito suplementar de Cr$ 5 492 849 390,00.

7. Nova moeda.

ANEXO 2: VARIAÇÃO DO EFETIVO DA FORÇA PÚBLICA DO ESTADO DE SÃO PAULO

Data	Governador de São Paulo *	Número de homens fixado
15- 3-1890	Prudente de Moraes	2 267
14-11-1891	Américo Braziliense	3 940
21- 9-1892	Bernardino de Campos	3 933
22- 8-1893	Bernardino de Campos	3 955
24-12-1896	Campos Sales	5 178
29- 8-1898	Peixoto Gomide	5 010
16- 8-1899	Fernando Prestes	4 416
16-10-1900	Rodrigues Alves	4 834
10- 7-1901	Rodrigues Alves	4 832
2-10-1903	Bernardino de Campos	4 221
20- 7-1904	Jorge Tibiriçá	4 217
28- 9-1905	Jorge Tibiriçá	4 568
30-11-1906	Jorge Tibiriçá	4 934
16-10-1907	Jorge Tibiriçá	5 029
29-10-1909	Albuquerque Lins	5 044
16-12-1910	Albuquerque Lins	5 848
18-11-1911	Albuquerque Lins	6 718
17-12-1912	Rodrigues Alves	7 431
17-12-1913	Pereira Guimarães	7 785
24-12-1914	Pereira Guimarães	7 647
7-12-1915	Rodrigues Alves	7 603
20-10-1917	Altino Arantes	8 833
13-12-1918	Altino Arantes	8 875
9-12-1919	Altino Arantes	8 627
26-11-1920	Washington Luiz	8 618
6-12-1921	Washington Luiz	8 620
16-12-1922	Washington Luiz	8 814
20-12-1923	Washington Luiz	8 829
31-12-1924	Carlos de Campos	14 079
31-12-1925	Carlos de Campos	14 254
24-12-1926	Carlos de Campos	9 228

* Até 1930 o Chefe do Governo tinha o título de Presidente do Estado.

ANEXO 2: (Continuação)

Data	Governador de São Paulo	Número de homens fixado
28-11-1927	Júlio Prestes	8 482
21-12-1928	Júlio Prestes	8 474
12-12-1929	Júlio Prestes	8 493
22- 1-1931	Cor. João Alberto (Interventor Federal)	8 627
27- 6-1931	Cor. João Alberto (Interventor Federal)	8 192
21-12-1931	Cor. Manoel Rabello (Interventor Federal)	9 000
28-12-1932	Gen. Waldomiro Lima (Governador Militar Federal)	7 435
27-12-1933	Armando Salles (Interventor Federal)	7 884
31-12-1934	Armando Salles (Interventor Federal)	7 958
1.º-12-1936	Armando Salles (Eleito pela Assembléia Legislativa))	6 214
13- 1-1937	Cardoso de Mello Neto (Eleito pela Assembléia Legislativa)	13 275
3-12-1937	Cardoso de Mello Neto (Interventor Federal)	8 594
28- 1-1938	Cardoso de Mello Neto (Interventor Federal)	8 630
16-12-1938	Adhemar de Barros (Interventor Federal)	10 034
3- 2-1939	Adhemar de Barros (Interventor Federal)	9 024
22-12-1939	Adhemar de Barros (Interventor Federal)	9 781
20- 2-1940	Adhemar de Barros (Interventor Federal)	8 721
30- 6-1941	Fernando Costa (Interventor Federal)	10 480
23- 2-1942	Fernando Costa (Interventor Federal)	20 526
3- 5-1943	Fernando Costa (Interventor Federal)	9 253**
1- 6-1943	Fernando Costa (Interventor Federal)	10 659
20- 6-1944	Fernando Costa (Interventor Federal)	11 096
14- 8-1945	Fernando Costa (Interventor Federal)	11 165
15- 7-1946	Macedo Soares (Interventor Federal)	11 571
16- 5-1947	Adhemar de Barros	11 571
30- 5-1950	Adhemar de Barros	13 503
17-12-1951	Lucas Garcez	13 514

** Nesse número não se incluía o Corpo de Bombeiros, que, no entanto, foi incluído no quadro orçamentário fixado em 1º de junho de 1943.

ANEXO 2: (Continuação)

Data	Governador de São Paulo	Número de homens fixado
18- 8-1952	Lucas Garcez	13 592
5-11-1953	Lucas Garcez	13 707
17- 8-1954	Lucas Garcez	13 705
11-12-1956	Jânio Quadros	18 000
23- 5-1958	Jânio Quadros	18 008
19-10-1962	Carvalho Pinto	21 085
6-12-1963	Adhemar de Barros	31 000
25- 9-1964	Adhemar de Barros	31 232
12-12-1965	Adhemar de Barros	32 000
23-11-1966	Laudo Natel	35 906

BIBLIOGRAFIA

AMARAL, Antônio Barreto do. A Missão Francesa de Instrução da Força Pública de São Paulo. *Revista do Arquivo Municipal*, São Paulo, n.º CLXXII, 1966.

BASBAUM, Leôncio. *História Sincera da República*. Rio de Janeiro, Ed. Livraria São José, 1958.

BELLO, José Maria. *História da República*. 6.ª ed., São Paulo, Cia. Editora Nacional, 1972.

CALMON, Pedro. *História do Brasil*. Rio de Janeiro, José Olympio Ed., 1959. Vols. 4, 5 e 6.

CÂMARA, Hely F. e ANDRADE, Euclides de. *A Força Pública de São Paulo*, Soc. Impressora Paulista.

CAMPOS, Pedro Dias de. *A Força Pública de São Paulo*, 1910; *A Revolta de 6 de Setembro*, 1913; *O Espírito Militar Paulista*, 1923; *Palestras Militares*, 1927; *Quartéis Paulistas*, São Paulo.

CARNEIRO, Glauco. *História das Revoluções Brasileiras*. Rio de Janeiro, Ed. O Cruzeiro, 1965.

CARONE, Edgard. *Revoluções do Brasil Contemporâneo*. São Paulo, Ed. DESA, 1965; *A República Velha*, São Paulo, Difusão Européia do Livro, 1971.

CARVALHO, Estevão Leite de. *Dever Militar e Política Partidária*. São Paulo, Cia. Editora Nacional, 1959.

CHACON, Vamireh. *História das Idéias Socialistas no Brasil*. Rio de Janeiro, Ed. Civilização Brasileira, 1965.

CHAVES NETO, Elias. *A Revolta de 1924*. São Paulo, 1924.

CINTRA, Francisco de Assis. *O Presidente Carlos de Campos e a Revolução de 5 de julho de 1924.* São Paulo, 1952.

COSTA, Cruz. *Pequena História da República.* Rio de Janeiro, Ed. Civilização Brasileira, 1968.

DIAS, Everaldo. *História das Lutas Sociais no Brasil,* São Paulo, 1962.

ELLIS JÚNIOR, Alfredo. *Confederação ou Separação.* São Paulo, 1934; *Um Parlamentar Paulista da República,* São Paulo, 1949.

FAUSTO, Boris. *A Revolução de 1930.* São Paulo, Ed. Brasiliense, 1970.

FERNANDES, Heloísa Rodrigues. *Política e Segurança.* São Paulo, Ed. Alfa-Omega, 1974.

FERRAZ, Arrison Souza. *O Coronel José de Oliveira e Sua Vida Militar.* São Paulo.

FERREIRA, Waldemar Martins. *História do Direito Constitucional Brasileiro,* São Paulo, Ed. Max Limonad, 1954.

FIGUEIREDO, Euclides O. *Contribuição Para a História da Revolução Constitucionalista de 1932,* São Paulo, 1954.

FRANCO, Afonso Arinos de Melo. *A Alma do Tempo,* Rio de Janeiro, Ed. José Olympio, 1961; *A Escalada,* Rio de Janeiro, Ed. José Olympio, 1965.

FURTADO, Celso. *Formação Econômica do Brasil.* 2.ª ed., Rio de Janeiro, Ed. Fundo de Cultura, 1959.

HISTÓRIA NOVA DO BRASIL. Vários Autores, São Paulo, Ed. Brasiliense, 1964 e 1965. Vols. 4, 5 e 6.

LAFER, Celso. *O Sistema Político Brasileiro,* São Paulo, Ed. Perspectiva, 1975.

LEITE, Aureliano. *Martírio e Glória de São Paulo.* São Paulo, 1934; *História da Civilização Paulista de 1502 a 1945,* São Paulo, 1945.

LIMA SOBRINHO, Barbosa. *A Verdade Sobre a Revolução de Outubro,* Rio de Janeiro, Ed. Unitas, 1933.

LUZ, Nícia Vilela. *A Luta Pela Industrialização do Brasil.* São Paulo, Difusão Européia do Livro, 1961.

MALTA, Octávio. *Os "Tenentes" na Revolução Brasileira*. Rio de Janeiro, Ed. Civilização Brasileira, 1969.

MALVÁSIO, Luiz Sebastião. *História da Força Pública*. São Paulo, 1967.

NOGUEIRA FILHO, Paulo. *Ideais e Lutas de Um Burguês Progressista*. São Paulo, Ed. Anhembi, 1958.

OLIVEIRA, Benedito Fernandes de. *A Revolução Paulista de 1932*. São Paulo, 1932.

OLIVEIRA, Nelson Tabajara de. *1924 — A Revolução de Isidoro*. São Paulo, Cia. Editora Nacional, 1956.

PRADO JÚNIOR, Caio. *História Econômica do Brasil*. São Paulo, Ed. Brasiliense, 1949.

PRADO, Paulo da Silva. *Paulística*. São Paulo.

ROSALES, Lúcio. *A Parada Militar da Força Pública no Dia 15 de Novembro de 1906*. São Paulo.

SALLES, Alberto. *A Pátria Paulista*. Campinas, 1887.

SAMPAIO, José Nogueira. *A Fundação da Força Policial de São Paulo*, São Paulo.

SANTA ROSA, Virgínio. *O Sentido do Tenentismo*. Rio de Janeiro, Schmit Ed., 1933.

SARAIVA, João. *Em Continência à Lei*. São Paulo, 1933.

SCHWARTZMAN, Simon. *São Paulo e o Estado Nacional*. São Paulo, Ed. DIFEL, 1975.

SODRÉ, Nelson Werneck. *História da Burguesia Brasileira*. Rio de Janeiro, Ed. Civilização Brasileira, 1964; *História Militar do Brasil*, Rio de Janeiro, Ed. Civilização Brasileira, 1965.

STEPAN, Alfred. *Os Militares na Política*. Rio de Janeiro, Ed. Artenova, 1975.

TENORIO, Hélio e OLIVEIRA, Odilon Aquino de. *São Paulo Contra a Ditadura*. São Paulo.

TRIGUEIRINHO, José Hipólito. *O Coronel Antônio Batista da Luz*. São Paulo.

VAMPRÉ, Leven. *São Paulo, Terra Conquistada*. São Paulo, 1932.

Coleção ELOS

1. *Estrutura e Problemas da Obra Literária*, Anatol Rosenfeld.
2. *O Prazer do Texto*, Roland Barthes.
3. *Mistificações Literárias: "Os Protocolos dos Sábios de Sião"*, Anatol Rosenfeld.
4. *Póder, Sexo e Letras na República Velha*, Sergio Miceli.
5. *Do Grotesco e do Sublime* (Tradução do *Prefácio* de Cromwell), Victor Hugo (Trad. e Notas de Celia Berretini).
6. *Ruptura dos Gêneros na Literatura Latino-Americana*, Haroldo de Campos.
7. *Claude Lévi-Strauss ou o Novo Festim de Esopo*, Octavio Paz.
8. *Comércio e Relações Internacionais*, Celso Lafer.
9. *Guia Histórico da Literatura Hebraica*, J. Guinsburg.
10. *O Cenário no Avesso* (*Gide e Pirandello*), Sábato Magaldi.
11. *O Pequeno Exército Paulista*, Dalmo de Abreu Dallari.
12. *Projeções: Rússia/Brasil/Itália*, Bóris Schnaiderman.
13. *Marcel Duchamp ou o Castelo da Pureza*, Octavio Paz.
14. *Os Mitos Amazônicos da Tartaruga*, Charles Frederick Hartt (Trad. e Nota de Luís da Câmara Cascudo).
15. *Galut*, I. Baer.
16. *Lênin: O Capitalismo de Estado e a Burocracia*, Leôncio Martins Rodrigues e Ottaviano De Fiore.
17. *As Teses do Círculo de Praga*, Círculo Lingüístico de Praga.
18. *O Texto Estranho*, Lucrécia D'Aléssio Ferrara.
19. *O Desencantamento do Mundo*, Pierre Bourdieu.
20. *Teorias da Administração de Empresa*, Carlos Daniel Coradi.

Este livro foi composto na
LINOLETRA
e impresso nas oficinas da
IMPRENSA METODISTA